Walter Krieger/Balthasar Sieberer (Hg.)
Gemeinden der Zukunft – Zukunft der Gemeinden

Walter Krieger/Balthasar Sieberer (Hg.)

Gemeinden der Zukunft – Zukunft der Gemeinden

echter

Die Deutsche Bibliothek – CIP-Einheitsaufnahme

Gemeinden der Zukunft – Zukunft der Gemeinden / Walter Krieger ;
Balthasar Sieberer (Hg.). – Würzburg : Echter, 2001
ISBN 3-429-02300-9

© 2001 Echter Verlag Würzburg
Umschlag: Uwe Jonath
Druck und Bindung: Friedrich Pustet KG, Regensburg
ISBN 3-429-02300-9

Inhaltsverzeichnis

Vorwort 7

JÜRGEN WERBICK
Visionen von Gemeinde – nach dem Ende der
Gemeindeutopien
Versuch einer ekklesiologischen Grundlegung 9

WOLFGANG SCHWENS
Die Kirche Österreichs im Spiegel
Kennzeichen und Szenarien für das Leben
in Pfarrgemeinden 31

OTTMAR FUCHS
Identität der Gemeinde
Praktisch-theologische
Impulse zu ihren Grundvollzügen 43

FRANZ WEBER
Spannungsgeladene Vielfalt
Gemeindeerfahrungen in der Weltkirche 86

WALTER KIRCHSCHLÄGER
Gott spricht ins Heute
Die Aktualität biblischer Gemeindehoffnungen . . . 106

Theologische Bruchstücke 130

Herausgeber und Autoren 134

Vorwort
»Gemeinden der Zukunft – Zukunft der Gemeinden«
Buch zur Österreichischen Pastoraltagung 2000

Die Kirche Österreichs lebt vor allem in ihren Pfarrgemeinden. An diesen Kristallisationspunkten des Christseins, die trotz aller Unvollkommenheiten nicht hoch genug geschätzt werden können, finden Menschen auf vielerlei Weise Anschluss an den Glauben und an jene Lebensqualität, die durch ihn geschaffen wird.
Nach einer Zeit großer Aufbrüche stehen Gemeinden heute allerdings vor gesellschaftlichen und kirchlichen Entwicklungen, die viele Fragen aufwerfen:
Wie geht es weiter angesichts »Priestermangel«, »Gemeindemangel«, »Individualisierung«, »erhöhtem Anspruchsdenken«, »Glaubensverdunstung« usw.? – um nur einige Stichworte zu nennen. Rezepte gibt es nicht, obwohl man immer auf der Suche sein muss.
Die pastoralen Ungleichzeitigkeiten erfordern aber neben Überlegungen für Konzepte den Mut, Entwicklungsprozesse zu riskieren, deren Ergebnis nicht wirklich vorhersehbar ist. Von dem was heute in den Pfarrgemeinden auf dem Weg ist, wird sich manches bewähren, anderes wird vorübergehen – und gerade damit den wichtigen nächsten Schritt vorbereiten. Das Leben mit Provisorien, mit »Lücken«, mit »Ungeordnetem«, mit Unklarheiten, mit schier unlösbaren Fragen ist gefordert und dies mag irritieren, eröffnet jedoch andererseits neue Perspektiven.
Die Referenten und die Teilnehmer/innen der Österreichischen Pastoraltagung »Gemeinden der Zukunft – Zukunft der Gemeinden« (13.–15. Jänner 2000 in Salzburg/St. Virgil) haben dazu aus ihrer Sicht und ihrem Erfahrungshorizont Spuren gelegt, die eine fruchtbare Weiterentwicklung anregen wollen. In diesem Sinn sind die folgenden Beiträge eine Einladung, aufmerksam, realistisch, gelassen und zuversichtlich auf das zu hören, was »der Geist den Gemeinden sagt«, damit sie heute und in Zukunft Jesus Christus den Menschen nahebringen.

Ein ganz herzlicher Dank gilt den Referenten, den Moderator/innen, den Gesprächsgruppenleiter/innen und allen, die einen Beitrag geleistet haben – für ihr vielfältiges Engagement in den verschiedensten Bereichen des Tagungsgeschehens.

Walter Krieger
Balthasar Sieberer

Jürgen Werbick

Visionen von Gemeinde – nach dem Ende der Gemeindeutopien
Versuch einer ekklesiologischen Grundlegung

1. Bilder: Übermalung oder Visionen?

Das Zweite Vatikanische Konzil hat im Einleitungskapitel der Kirchenkonstitution »Lumen Gentium« einen regelrechten biblischen Bilderbogen von Kirche gemalt. Kritische Leser mögen darin eine Reihe von Kirchen-Ikonen sehen (Pflanzung Gottes, Schafstall, heilige Stadt, makellose Braut, Leib Christi), deren Goldhintergrund die armselige alltägliche Wirklichkeit von Kirche möglichst überstrahlen soll. Solche Bilder sind nun einmal immer zwiespältig. Sie tendieren zur Idealisierung, ja Ideologisierung; oft genug sind sie die Übermalung einer wenig ansehnlichen Gestalt, mitunter gar nur hilfloses Make-up. Sie stellen uns vor Augen, wie wir die abgebildete Wirklichkeit – in unserem Fall: die Kirche – nach dem Urteil und dem Interesse derer, die solche Bilder entwerfen, sehen *sollen*.
Das ist aber nur die eine Seite. Bilder drücken – wenn es gelungene Bilder sind – eben auch jene Wirklichkeit aus, die das ins Bild Gebrachte zutiefst, wenn auch nicht ohne weiteres sichtbar, ausmacht; eine Wirklichkeit, die in der Alltagsrealität des Abgebildeten zur Geltung kommen soll; einen Anspruch, den man als gültig anerkennt und bei dem man sich behaften lassen will: eine »Vision«, die dem Alltäglich-Zwiespältigen mit ansieht, was es sein bzw. *werden* soll.
So stehen die Kirchen-Bilder in einem spannungsvollen Verhältnis zu den Kirchen-Realitäten. Sie werden schnell ideologisch missbraucht, um die Kirche mit dem Hinweis darauf, was sie »eigentlich« ist – Geheimnis, Leib Christi, Communio –, in ihrer konkreten Alltagsrealität der Kritik zu entziehen, gegen eine »bloß soziologische, politische, psychologische« Sichtweise in Schutz zu nehmen. Sie

geben aber auch Aufschluss darüber, wodurch Kirche sich konstituiert weiß und woran sie sich deshalb messen lassen will. So bringen sie letztlich eine Spannung zum Ausdruck, in der Kirche sich vorfindet und der sie sich aussetzt, jedenfalls aussetzen müsste: die Spannung zwischen dem Anspruch, wirklich das zu sein, was da ins Bild kommt, und dem konkreten Aussehen, mit dem Kirche sich dem mehr oder weniger unvoreingenommenen Betrachter darbietet; die Spannung zwischen »Vision« und Realität – eine Spannung, die die soziale Realität von Kirche nicht daraus entlässt, sich nach der Vision, wie sie in den Bildern zum Ausdruck kommt, »auszustrecken«. So ist diese Spannung individuell und in Gemeinschaft auszuhalten, *zusammenzuhalten*; und dieses Zusammenhalten ist ein Grundvollzug des Glaubens. Kirche ist, was sie ist und in Bildern von sich bekennt, um es immer mehr zu werden; sie glaubt daran, dass sie nicht verlieren kann, was sie ausmacht – den Segen, der auf ihrer Sendung liegt; aber sie muss sich je neu eingestehen, dass man ihr diese Sendung und den Segen, der ihr gilt, skandalös wenig ansieht, eben weil sie ihre Sendung ein ums andere Mal verrät.

Der Kirchenglaube des Glaubensbekenntnisses, Kirche sei die eine, heilige, umfassende, in der Nachfolge der Apostel stehende Gemeinschaft der Glaubenden und Gemeinschaft am Heiligen, ist eben keine Selbstverständlichkeit. Er ist ein Glaube, der nicht sieht, woran er festhält; der zusammenhalten muss, was ihm so oft auseinanderzubrechen droht: die Vision von Kirche, in der sich ihre Sendung abzeichnet, und ihr konkretes Aussehen. Theologisch und spirituell wichtige Kirchen-Bilder lassen sich als Teilaspekte der Kirchen-Vision, des Kirchen-Glaubens auslegen, als Gestalten des Zusammenhaltens von Kirchenrealität und Kirchen-Vision; und sie wären auszulegen auf die Spannung hin, die in ihnen artikuliert wird.

Ich habe versucht, diese Einsicht in einer Ekklesiologie auszuarbeiten, der es um das Zusammenhaltenkönnen, aber eben deshalb auch um das Nichtverschweigenmüssen solcher Spannungen geht[1]. Aber dabei standen wie selbstverständlich Bilder *der* Kirche im Mittelpunkt: der Großkirche, der allumfassenden ecclesia catholica. Sind die Gemeinden vor Ort – die Pfarrgemeinden – nicht ebensosehr, ja noch viel deutlicher erlebbar von diesen Spannungen gezeichnet, ja bis zum Zerreißen ausgesetzt? Wären dann die Bilder von Gemeinde nicht auch Suchbilder für das ehrliche Aufsuchen dieser Spannungen – vielleicht auch Vor-Bilder für das Aushalten und das Zusammenhalten der die Gemeinden belastenden und herausfordernden Spannungen, für das Aushalten ihrer alltäglichen Zerreißproben?

2. Gemeindebilder

Dass beim theologischen Sprechen von der Kirche so selbstverständlich die Gesamtkirche im Vordergrund steht, hat gewiss auch historisch-apologetische Gründe. Die Ekklesiologie ist ja als eigenständige theologische Disziplin in der Auseinandersetzung mit dem gemeindezentrierten Kirchenverständnis der Reformation entstanden. So legte sie ihren ganzen argumentativen Ehrgeiz in den Nachweis, die sakramental-hierarchische Organisation der universalen römischen Papstkirche sei im Gegensatz zur Pluralität der aus der Reformation hervorgegangenen Gemeindewirklichkeiten die von Jesus Christus gegründete wahre Kirche. Dieser Akzent auf der Einheit der katholisch-allumspannenden Kirche ist wichtig und unverzichtbar. Aber er brachte es auch mit sich, dass die theologische Würdigung der einzelnen Gemeinde ins Aufmerksamkeits-Abseits geriet. War sie denn mehr als eine unselbständige Filiale der Bischofskirche; und war diese nicht auch nur eine Filiale der römischen Zentrale? Das Zweite Vatikanische Konzil hat die Ortskirche theologisch aufgewertet: Sie ist im Vollsinn Kirche – freilich nur in der Communio mit allen Ortskirchen und in hierarchischer Gemeinschaft mit dem Vorsteher der Communio aller Ortskirchen, dem Papst. Aber unter Ortskirche war eben die *Diözese* verstanden, nicht die Gemeinde vor Ort. Letzterer kommt immerhin die Würde der Eucharistie feiernden Gemeinde zu, der elementaren Realisierung von Kirche[2]. Wenn seit dem Zweiten Vatikanum die Ortskirche als »Kirche vor Ort« theologische Würdigung fand, so ist dies der Wiederentdeckung dieser »eucharistischen Ekklesiologie« zuzuschreiben, wie sie der Alten Kirche selbstverständlich war[3], aber seit dem Konzil von Trient und dann entscheidend mit der »bürokratischen Zentralisierung« der katholischen Kirche im 19. und 20. Jahrhundert in Vergessenheit geriet.

Die gegenwärtige Rezeption dieser eucharistischen Ekklesiologie ist aber von einer deutlichen Zwiespältigkeit geprägt. Kennzeichnend dafür ist das Schreiben der Glaubenskongregation vom 15. Juni 1992 über einige Aspekte der Kirche als Communio[4]. Es meint sich abgrenzen zu müssen gegen »Irrtümer«, die ein eucharistisches Kirchenverständnis dazu benutzten, die Kirche »von unten« gegen die hierarchisch verfasste Gesamtkirche auszuspielen. Dabei werde der Tatsache »nicht hinreichend Rechnung getragen, dass es gerade die Eucharistie ist, die jede Selbstgenügsamkeit der Teilkirche unmöglich macht. Denn die Einzigkeit und Unteilbarkeit des eucharistischen Herrenleibes schließt in sich die Einzigkeit seines mystischen Leibes, der die eine und unteilbare Kirche ist. Aus der eucharistischen Mitte kommt die notwendige Offenheit jeder feiernden Gemeinde, jeder Teilkirche: aus dem Sich-in-die-offenen-Arme-des-Herrn-Ziehenlassen folgt die Eingliederung in seinen einzigen und unteilbaren Leib. Aus diesem Zusammenhang heraus wird deutlich, dass die Existenz des Petrusamtes, das das Fundament der Einheit der Bischöfe und der Universalkirche ist, der eucharistischen Gestalt der Kirche zutiefst entspricht.«[5]

Es besteht gewiss Anlass auf die »notwendige Offenheit jeder Eucharistie feiernden Gemeinde« auf die Sendung der (Gesamt-)Kirche in die Welt hinein theologisch Wert zu legen. Eucharistie-Gemeinden können nicht auf sich selbst zentriert und fixiert bleiben, wenn sie das Sakrament der mitten in der Welt sich vergegenwärtigenden Gottesherrschaft feiern. Die Feier des Sakraments ist zugleich Sendung zum Dienst an der Präsenz der Gottesherrschaft in unserer Welt, in diesem umfassenden Sinne zur *Diakonie*; und sie verlangt es deshalb, sich der Sendung der Gesamtkirche einzugliedern. Aber bemerkenswert und ein wenig deprimierend ist es schon, dass die Erläuterungen

der Glaubenskongregation zur Communio-Ekklesiologie die hier greifbar werdende Spannung, die die Kirchenvisionen Communio (Gemeinschaft der Heiligen) und Leib Christi zum Ausdruck bringen, nur defensiv aufgreift: durch die Abgrenzung gegen eine theologische Aufwertung der Eucharistie feiernden *Einzel*-Gemeinde. Hätte in Wiederaufnahme der altkirchlichen Communio-Ekklesiologie nicht zum Ausdruck kommen müssen, dass die Eucharistie feiernde Gemeinde die *elementare* Realisierung von Kirche ist, in der Kirche vor Ort lebt und die ihr angehörenden Christen auf dem Weg der Wahrheit, der zum Leben führt, unterwegs sein lässt? Dass dieses Unterwegssein die Weggemeinschaft Kirche voraussetzt und damit auch die Zeugnisgemeinschaft der Universalkirche, in der je neu ermittelt werden muss, wohin die nächsten Schritte in den Spuren Christi des Gekreuzigten (vgl. 1 Petr. 2,21) führen, das ist selbstverständlich einzuräumen. Aber ist nicht auch endlich zuzugestehen, dass die Kirche vor Ort die Erfahrung der Weggemeinschaft im Glauben trägt und inspiriert und sie es deshalb nicht verdient, der Wirklichkeit Gesamtkirche einfach nachgeordnet zu werden?
Die eucharistische Ekklesiologie ruft aber nicht nur beim hierarchischen Lehramt Abgrenzungsbedürfnisse hervor. Zeugt es denn nicht – so kann man immer wieder hören – von einem Rückzug der Kirche aus der politisch-gesellschaftlichen Öffentlichkeit in den »geschützten« Raum der religiösen Kultfeier, wenn Liturgie – insbesondere die Eucharistie – als der »Höhepunkt« bezeichnet wird, »dem das Tun der Kirche zustrebt, und zugleich (als) die Quelle, aus der all ihre Kraft strömt«?[6] Es bedarf jedenfalls einer Neubesinnung auf den elementaren Weltbezug christlicher Liturgie: Sie feiert und begeht nicht ein esoterisches Heilsgeheimnis im Kreis der Initiierten, sondern die verborgene und zur Sichtbarkeit drängende Gegenwart der Gottesherrschaft in dieser Welt; sie feiert und nimmt ernst, dass die Gemeinde Sauerteig ist, der die Durchsäuerung der Weltverhältnisse auf Gottes größere Gerechtigkeit hin mit bewirken soll – und sich deshalb entscheidend in individueller und gesellschaftlich-politischer Diakonie verwirklicht.

Gemeindeutopien, die den ekklesiologischen Vorrang der Liturgie als Vorwand nahmen für eine gemeinde-introvertierte Pastoral sind zu Recht überholt worden von der theologischen und der pastoralen Entwicklung. Das heißt nun nicht, dass die Liturgie nicht höchste Aufmerksamkeit verdiente, damit die »kunstgewerblichen« Formen und Formeln, die ihr Feiern und Beten so oft bestimmen, von Sprach- und Handlungsformen abgelöst werden, die der Großteil der Gemeinde wieder mitvollziehen kann. Ein lebendiger Gottesdienst bringt Leben ins Leben der Gemeinde; und ein erstarrter Gottesdienst stranguliert es. Aber die Liturgie darf nicht einfach zum emotionalen Rückzugsort werden, an dem man sich der Brisanz der Reich-Gottes-Botschaft faktisch verweigert. Und es kann auch nicht darum gehen, in einer eucharistiezentrierten »Theologie der Gemeinde« den gemeindlichen Nahbereich zum positiven Gegenbild einer »verknöcherten, abgehobenen und überzentralisierten Amtskirche« zu stilisieren und einer selbsterfahrungszentrierten Kuscheleckenekklesiologie das Wort zu reden. Mit soziologischer und ekklesiologischer Naivität würde man dabei die Notwendigkeit einer institutionellen Ausprägung der Großgruppen-Wirklichkeit auf allen gesellschaftlichen Ebenen verkennen. Gemeinde als Gegen-Utopie zur harten und als entmündigend erlebten religiösen Verwaltungs-Wirklichkeit Kirche: meist bleibt sie dann ja auch Utopie, ein sehnsüchtig vermisstes Nirgendwo. Bilder – Visionen – gemeindlicher Kirchen-Existenz, in denen sich ihre kirchliche Aufgabe abzeichnet und in denen sich die Spannungen abzeichnen, die es in ihr auszuhalten gilt, müssten demgegenüber realistisch und utopisch zugleich sein: damit man nie vergisst, was der Gemeinde nicht fehlen darf, soll in ihr Kirche Wirklichkeit werden; damit man aber auch nie vergisst, was in ihr tatsächlich vorgeht. Visionen sehen nicht ab von der Last des Heute. Sie wollen gerade diese Last als Herausforderung in den Blick bringen. Und so kommen hier doch zuerst die Gemeinden vor Ort in den Blick. Sie tragen offenkundig die Hauptlast einer Entwicklung, die alle christlichen Kirchen gegenwärtig unter einen ungeheuren Transformationsdruck bringt. Man nennt sie etwas pauschal die *Individualisierung* im Zuge einer nun auch in den letzten gesellschaftlichen »Reservaten« durchgesetzten Modernisierung. Seit den fünfziger Jahren zerfallen alle gesellschaftlichen – und so auch die kirchlichen – Milieus, in denen man noch eine »Normal-Biografie« leben, den Alltag in konstant geregelten Beziehungsmustern gestalten und die individuelle Identität nach sinnstiftenden, standardisierten Gruppen-Identitäts-Mustern modellieren konnte. Die individuellen Anpassungsleistungen an je andere gesellschaftliche Herausforderungsprofile sind vorrangig geworden. Jeder und jede muss seinen bzw. ihren Stil der Identitäts-Synthese je neu erfinden, muss immer wieder neu herausfinden, wie die verschiedensten Erlebnisangebote, Engagements, Verhaltenserwartungen und Sinnstiftungsmuster miteinander vermittelt und dabei Individualität – persönlicher Stil – gelebt werden können. Es scheint geradezu selbstverständlich, dass auch der Bereich des Religiösen dieser Individualisierungsdynamik ausgesetzt ist[7]. Aber in der »amtlichen« Wahrnehmung der Großkirche werden damit vor allem Ängste – jedenfalls deutliche Vorbehalte, ja Ressentiments – verbunden. Ihr scheint es vor allem um das »Gegensteuern« zu gehen; darum, dass die Einheit des Zeugnisses und die Gültigkeit ihrer normativen Vorgaben gewahrt bleiben. Dem gesellschaftlichen Individualisierungsprozess, dem so viele allgemein anerkannte Verbindlichkeiten zum Opfer zu fallen scheinen, soll der gegen allen Individualismus resistente Schatz kirchlicher Glaubens- und Moralüberlieferung gegenübergestellt werden – gleichsam als letzte Bastion gegen den gesellschaftlichen Trend zur Auflösung aller überindividuellen Verbindlichkeiten im Säurebad eines selbstherrlichen, ungebremsten Individualismus.

Das ist die Großkirchen-, vielleicht die typische Verwaltungsperspektive, die den Einzelfall fast nur als Störung, jedenfalls als Problem für einen an Einheitlichkeit orientierten Regelungsanspruch wahrnehmen muss. Und der Einzelfall stört umso mehr, je stärker der Vereinheitlichungsdruck empfunden wird – und die Verantwortlichkeitsräume sich ausdehnen. Wer unendlich viele »unter einen Hut« meint bringen zu müssen, der wird schneller

als höchst unerwünschte Störung empfinden, was dem Gesprächspartner vor Ort vielleicht auch als unbequeme, aber auch als bereichernde, weiterführende Irritation erscheinen mag. So ist die Gemeinde vor Ort vielleicht doch der Raum, in dem die religiöse Individualisierungsdynamik *auch* als fruchtbar erfahren werden kann, wenn nicht auch die örtliche Seelsorgeeinheit selbst schon – etwa wegen Priestermangels – zu einem regionalen Verwaltungsbezirk aufgebläht und damit »entörtlicht« wurde. Die Gefahr besteht zweifellos, dass es zu dieser »Entörtlichung« der Ortsgemeinde kommt – dass sich die Kirche aus den lokalen Lebenszusammenhängen zurückziehen muss, weil nicht rechtzeitig dafür gesorgt wurde, dass die Gemeinden vor Ort mit tatkräftiger Unterstützung hauptamtlicher SeelsorgerInnen für sich selbst sorgen lernten. Man kann gewiss nicht sagen, dass dies eine zukunftsweisende Vision für die Kirche wäre.
Die Gemeinde ist der Ort, an dem die Individualisierung des Glaubens nicht nur als Abweichung von der Norm, sondern als Bereicherung erfahren, wo eine zukunftseröffnende Kirchenerfahrung gemacht werden könnte. Dass diejenige/derjenige, die/der es anders sieht, anders erlebt, anders machen möchte, nicht nur als Problem, sondern als lohnende Herausforderung begriffen und dann auch mental *zugelassen* wird, dass in ihm eine andere, ebenso notwendige Begabung – eine andere Geistesgabe – nach Würdigung verlangt, das könnte sich schon beim Blick in die Bibel als ekklesiologisch elementare Auszeichnung der Gemeinde erweisen.

3. Die Gemeinde: Leib Christi

Postmodern zugespitzt erleben wir, was schon Paulus nicht völlig unbekannt war: das Problem, dass Verschiedenheit so oft als Störung erlebt wird und für die Kirche eben doch als gottgeschenkter Reichtum gewürdigt werden darf. Es ist das Bild des Leibes Christi, an dem Paulus der Gemeinde in Korinth diese Perspektive öffnen will. Im Hintergrund steht das, was man die paulinische Charismenlehre nennt: Die Glieder am Leib der Gemeinde sind

so verschieden, wie Glieder nur sein können. Aber sie haben teil an dem *einen* Geist, der diesen Leib beseelt und ihnen je eigene Fähigkeiten mitteilt, mit denen sie sich im Leib – je nach ihrem »Ort« und ihren Möglichkeiten – ausleben sollen. So dürfte es in dem Leib eigentlich nicht zur Konkurrenz der verschiedenen Glieder – der verschiedenartigen Charismen – kommen, denn sie ergänzen einander gerade durch ihre Unterschiedlichkeit; und »gerade diejenigen Glieder unseres Leibes, die die schwächsten zu sein scheinen, sind umso notwendiger«. Jedes Glied ist auf das andere angewiesen und von seinem Leiden, von seiner Verletzung in Mitleidenschaft gezogen, aber auch von seinem Wachstum gestärkt: »Leidet *ein* Glied, so leiden *alle* Glieder mit; und kommt *ein* Glied zu Ehren, so freuen sich *alle* Glieder mit« (1 Kor 12,22.26).
Das wechselseitige Angewiesensein der Glieder aufeinander – auf den Dienst, den jedes den anderen leistet – macht schon das schöpfungsgemäße organische Leben aus. In besonderer Prägnanz gilt es für das Zusammengehören der Glieder in Christus: Wie die Glieder im Leib zusammengehören, ja geradezu *einander gehören,* »so ist es auch mit Christus: Durch ein und denselben Geist sind wir alle zu *einem* Leib getauft, Juden wie Griechen, Sklaven wie Freie« (V. 13). Und keiner kann für sich geltend machen, dass er abgehoben von den anderen für sich selbst in diesem Leib eine privilegierte Vorrangstellung hätte und deshalb mehr gelten müsste. Das Gliedsein eines Jeden (einer Jeden) hat sich im Zusammenwirken mit den anderen – im Dienst an ihnen – konkret zu bewähren, ist auf das Anderssein der anderen hingeordnet, das gerade für mich Bedeutung gewinnen kann, so wie mein Anderssein vielleicht doch auch von den anderen als unverwechselbare gute (Geistes-)Gabe an sie gewürdigt werden kann.
Das liegt so weit zurück, und es klingt verdächtig nach Gemeinderomantik. Nur: Paulus war alles andere als ein Romantiker; und die Verhältnisse in der Gemeinde von Korinth waren ja auch nicht so. Es lief offenkundig vieles nicht zusammen. Die mit spektakulären Charismen – etwa der »Zungenrede« – Begabten wussten sich als die »besseren« Geistträger und schätzten die Gaben der anderen

gering. Jeder schien sein eigenes Evangelium verkündigen zu wollen. Und gerade deshalb erinnert Paulus an die Erfahrung, von der er weiß, dass sie den Korinthern nicht fremd ist: Erinnert ihr euch denn nicht daran, dass, was aus Gottes Geist ist, eben nicht zur Rivalität, zum Kleinmachen des anderen und zur Mißachtung seiner Gaben führt? Erinnert ihr euch nicht daran, dass Gemeinde entsteht, wo eine(r) immer wieder von neuem den anderen entdeckt, als einen entdeckt, dessen »Anderssein« er braucht, wir alle brauchen, um den Weg Jesu Christi gehen zu können?
Ja, erinnern wir uns denn nicht daran – im Alltag unserer Gemeinden, aber auch im Alltag der Familie, die schon die Kirchenväter mit großem Recht »ecclesiola« (Kirche im Kleinformat) nannten? So einfach ist es nicht mit dieser Erinnerung. Sie ist eben so oft vergraben und verschüttet unter Rechthaberei und Selbstbehauptung, unter elementarer »Intoleranz«: dem Nichtertragenkönnen des anderen und seiner »Eigenarten«. Erfahrene Familienmütter und Familienväter werden gut verstehen, wovon ich rede: der Partner, der mich so nervt, weil er eben nicht die Zweitausgabe meiner vortrefflichen Persönlichkeit mit ihren so wertvollen Begabungen ist; er geht die Dinge so anders an, als ich das für sinnvoll halte – und es geht dann eben oft auch anders aus, als ich mir das gewünscht hätte. Warum muss er denn immer alles »anders« machen, so »anders« sein!
Wenn die nüchterne Überlegung wieder eine Chance hat, liegt es auf der Hand: Wie schlimm wäre das, wenn die Leute alle so ähnlich wären wie ich! Wie schlimm wäre das für unsere Kinder, wenn meine Frau mit ihnen so umginge wie ich – wenn sie meine Fehler und meine Stärken verdoppelte. Aber es ist eben doch unerhört schwer, nicht in der Theorie, sondern im alltäglichen Zusammenleben anzuerkennen, dass der (die) andere gerade in dem, was ihn (sie) anders sein lässt, gerade in dem, was mich nicht bestätigt, vielleicht sogar in Frage stellt, gut für mich und für unsere Mitmenschen ist. Es ist schwer, zu akzeptieren, zu »tolerieren«, dass die Art, wie ich »das mache«, nicht für alle Mitmenschen und Situationen gut ist, überhaupt nur in mancher Hinsicht gut sein wird – und »ausgewo-

gen« werden muss von den Stärken, die andere mitbringen. In der Theorie sehen wir das leicht ein: Die Stärke des anderen, nicht seine Schwäche, dass er *anders* ist, nicht dass er ungefähr das Gleiche ist und macht, ist gut für mich, für uns. Wer die anderen gerade in dem schätzen und ertragen lernte, was ihn nicht bestätigt, sondern eher in Frage stellt, der hat – so wäre ekklesiologisch hinzuzufügen – etwas davon gespürt, wie Gottes Geist sich anfühlt. Dieser Geist wirkt in uns, wenn wir ihn bewirken lassen, dass wir uns das immer besser vorstellen können: Warum es gut für uns alle ist, dass andere anders sind und es anders machen. Diese Einsicht ist wie gesagt intellektuell nicht schwer zu erlangen, aber im konkreten Fall schwer zu beherzigen. Und leiden unsere Gemeinden nicht vor allem daran, dass wir sie nicht beherzigen? Leiden Diözesen nicht daran, dass sie sich so schwer vereinbaren lässt mit der »Vogelperspektive« geistlicher Verwaltungsinstanzen? Von der Erfahrung der Gemeinden lernen, das hieße hier ganz konkret: die Angst vor dem Ungeregelten, Ungewohnten und Eigenwilligen, wie sie in jedem Zentralismus steckt, ein klein wenig beherrschen lernen; ein klein wenig damit rechnen lernen, dass nicht in der Gleichschaltung, sondern in der Toleranz des Tolerierbaren die Weisheit des Gottesgeistes liegt; und vielleicht im Grundsätzlichen: der Weisheit des Subsidiaritätsprinzips auch im innerkirchlichen Bereich trauen lernen.
Das ist nun einmal das Geheimnis des Gottesgeistes in unserer Gemeinde, in der Kirche: Wenn man ihn nicht für sich – für die eigene Art, die Dinge auszulegen – monopolisiert, darf man ihn erleben, wird man erleben, was er mit uns und mit unserer Gemeinde, was er mit der Kirche anfängt; wird man erleben, wie er die so unterschiedlich im Glauben »Begabten« zu Gliedern des Leibes Christi macht, der Kirchen-Wirklichkeit, in der Christus hier und jetzt sichtbar werden, in der sein Geist sich verleiblichen will. Das ist es, was – so Hermann-Josef Venetz – die paulinische Kirchenvision des Leibes Christi letztlich imaginiert: »In der Gemeinde wird der Christus sichtbar, greifbar, erfahrbar. Wie? Dadurch, dass die Gemeinde in ihrem Reden und Tun ihren Glauben in die Tat umsetzt, wird

sichtbar, was das Motiv ihres Handelns ist, woraus sie lebt: Jesus Christus.«[8]

Aber wer wird Kirche – Gemeinde, Diözese – heute wirklich so – als den greifbaren Christus – erfahren? Als jene Zeugniswirklichkeit, die herzeigen und geradezu »darstellen« darf, woraus sie lebt? Wenn von Visionen die Rede ist, so muss schon die Frage erlaubt sein: Kann man der Wirklichkeit von Kirche in ihren alltäglichen Realisierungen wirklich Christi Geist ansehen oder sieht man ihr eher den Ungeist der Rechthaberei, der Besitzstandswahrung, der Überlebensangst an? Dabei geht es wiederum nicht um schwärmerische Gemeinderomantik, sondern entscheidend darum, ob Gemeinden, Diözesen, Kirchen es noch ernsthaft als ihre eigentliche Berufung ansehen, Christi Geist leibhaft zu bezeugen; zu bezeugen dadurch, dass sie sich in ihren Mitgliedern vom Herrn der Kirche als Glieder seines Leibes in Dienst nehmen lassen. Es geht darum, ob glaubende Menschen es noch als ihre Aufgabe ansehen, an der Diakonie Christi (Mk 10,45) beteiligt zu sein, »so dass sie gleichsam seine ›Organe‹ werden und er gar nicht mehr ohne sie gedacht werden könnte«.[9] Es geht aber auch gewiss darum, ob die kirchlichen »Ober-Häupter« Ernst damit machen, dass sie in ihrer Sendung ohne den Zeugnis-Dienst der vielen und so unterschiedlichen Glieder des Leibes Christi nicht gedacht werden können – und ob diese »theoretisch« leicht zugegebene Einsicht dazu führt, dass den Gliedern am Leib Christi entsprechende Handlungsmöglichkeiten eingeräumt werden.

4. Gemeinde: Volk Gottes aus Priestern und Laien

Im Gemeinde- und Kirchenalltag sind solche Einsichten schwer festzuhalten. Er ist – im Normalfall – gezeichnet von dieser Spannung zwischen den Verschiedenen, die sich gegenseitig als das Geschenk des Geistes entdecken müssten – und so oft als »abzuarbeitender« Problemfall zur Last fallen. Er ist im Normalfall eben doch davon gekennzeichnet, dass die Hauptamtlichen und das »Führungspersonal« Kirche »veranstalten« und für ihr Angebot Resonanz – Nachfrage – erreichen wollen. Die Katholische

Kirche spricht zwar seit dem Zweiten Vatikanum von sich selbst als dem Volk Gottes, davon also, dass alle Glieder dieses Volkes *Mitsubjekte*, nicht nur Objekte der Grundvollzüge der Kirche (des Zeugnisses, der Liturgie und der Diakonie) sind. Aber faktisch ist es in den Gemeinden allzu oft so, dass die Kirche entscheidend Hauptamtlichen-Sache, genauer noch: die Sache der priesterlichen Amtsträger zu sein scheint. Sie versuchen zwar mehr oder weniger versiert und entschieden, die »Laien« – das *Kirchenvolk* – für das Mittun in der Kirche zu gewinnen. Aber die Glieder des »einfachen« Kirchenvolks sind dazu nicht mehr ohne weiteres bereit. Wenn ihnen nicht einleuchtet, dass es hier auch um »ihre Sache« – um *ihre* Kirche – geht, engagieren sie sich – wenn überhaupt – anderswo.
So ist die Gemeinderealität in eine schwer erträgliche Spannung hineingeraten: Die Amtsträger sehen sich in die Rolle des Veranstalters von Kirche hineingedrängt, derer, die sie repräsentieren und traditionellerweise in ihr auch das Sagen haben. Auch wenn sie diese Rolle gar nicht mehr ausfüllen wollen, begegnen sie oft einer Konsumentenmentalität, die sie gerade noch als Anbieter religiöser Leistungen nachfragt. Die Nachfragenden, das sind die souveränen Kunden des Unternehmens Gemeinde, die sich aus dem kirchlichen Angebot herausnehmen, womit sie etwas anfangen können[10], und zurückweisen, was ihren Bedürfnissen nicht entspricht oder nicht professionell genug »gemacht« ist. Es ist eine ziemlich selbstverständliche, für das Selbstverständnis der Kirche aber einigermaßen paradoxe Situation: Die priesterlichen Amtsträger versuchen weithin, wegzukommen von ihrer Alleinverantwortlichkeit und die Gemeindemitglieder dafür zu gewinnen, sich als Mitsubjekte des Gemeindegeschehens zu verstehen. Aber viele Gemeindemitglieder wollen in ganz anderer Weise Subjekt sein: Sie bestimmen darüber, was sie sich (an-)bieten lassen und setzen die Anbieter damit unter einen enormen Druck. Wenn ihr Angebot nicht mehr stimmt, bleiben sie auf ihm sitzen – auch wenn sie den »Nichtkäufern« noch so sehr ein schlechtes Gewissen über ihre Kaufenthaltung zu machen versuchen.
Nicht wenige Seelsorger sind von diesem Druck überfor-

dert, sei es, dass ihnen die professionellen, spirituellen oder charismatischen Qualifikationen für eine hohe Qualität ihres Angebots schlicht fehlen; sei es, weil sie die Rolle des Anbieters eines möglichst attraktiven Angebots nicht ausfüllen wollen; sei es vielleicht auch, weil sie diese narzistische Frustration nicht aushalten und nach der Devise reagieren: Wenn ihr nicht mittut, werde ich wieder den Pfarrherrn spielen und bestimmen, was gemacht wird. Die Situation verschärft sich noch durch die Angst kirchlicher Oberer, aber auch mancher Seelsorger vor Ort, die Letztentscheidungskompetenz der Amtsträger werde durch allzu »mündige« Gemeinden oder durch qualifizierte Laienmitarbeiter unzulässig geschmälert und müsse deshalb offensiv zur Geltung gebracht werden. Mitgestaltungswillige Laien werden hier auf misstrauische Diözesanbehörden treffen, die sich die »Laienspielschar« (Erzbischof Dyba) von Möchtegernseelsorgern vom Hals halten wollen, oder auf priesterliche Amtsträger vor Ort, die vieles, wofür Laien sich einsetzen, nicht mit ihrem Gewissen vereinbaren können. Und sie werden ihnen mehr oder weniger deutlich zu verstehen geben: Wir wollen nicht bloß euer verlängerter Arm sein. Wer verantwortlich mittun soll, muss mitbestimmen dürfen. Wem das ohne guten Grund verweigert wird, der wird sich zurückziehen.

Auch das ist nicht der Normalfall im Alltag unserer Gemeinden und Diözesen. Aber die »Marktkonstellation«, bei der sich Amtsträger und Laien in falscher Weise gegenseitig als Anbieter und Nachfragende, dann auch als Repräsentanten der Sache der Kirche und als die für die Gestalt oder Qualität des »Angebots« nicht zuständige Adressaten stabilisieren und unter Druck setzen, bestimmt bis zu einem gewissen Grad die Situation in den Gemeinden. Die Parole »Wir sind Kirche« – will heißen: Wir sind das Volk Gottes – der Kirchenvolksbegehren in Österreich und Deutschland ist gewiss auch zu verstehen als der Versuch einer kirchlichen »Basis«, aus dieser wenig fruchtbaren Situation herauszukommen. Großkirchlich und für die Situation einer Diözese bedeutete das, einen größeren Spielraum für die Mitgestaltung der kirchlichen Wirklichkeit zu reklamieren und den überzogenen, einem recht

verstandenen ekklesialen Subsidiaritätsprinzip widersprechenden kirchlichen Zentralismus anzuklagen.
Keine Frage: Es muss auf gesamtkirchlicher Ebene, in Diözesen wie in der Gemeinde vor Ort eine letzte Instanz geben, die die Identität der Kirche/der Gemeinde als Volk Gottes in den Spuren Jesu Christi repräsentiert und verbürgt, die dafür einsteht, dass die Glaubensüberlieferung authentisch weitergehen kann, die Verkündigung bei ihrer »Sache« bleibt und in der sakramentalen Praxis der Gemeinden gefeiert und vergegenwärtigt wird, was Jesus Christus der Kirche mit auf ihren Weg gegeben hat. Aber schon bei diesen Aufgaben können Nichtamtsträger(-innen) ihrer Begabung entsprechend beteiligt werden. Und bei allen anderen Gestaltungsaufgaben und Entscheidungsfindungen könnte ihnen *volle* Mitsprache eingeräumt werden. Es ist ärgerlich, wenn in der Kirche immer wieder so getan wird, als müssten alle Entscheidungen von Gewicht eben doch von den Amtsträgern allein getroffen werden, weil nur so das Christliche und das Katholische der Kirche (der Gemeinde) gerettet werden kann. In vielen – den allermeisten – Fragen von Gewicht gibt es mehrere christliche und katholisch legitime Entscheidungs- und Gestaltungsmöglichkeiten, gibt es deshalb auch die Möglichkeit, das ganze Volk Gottes an der Entscheidung zwischen legitimen Alternativlösungen ernsthaft zu beteiligen. Das gilt für Stellenbesetzungen, für die meisten organisatorischen Fragen, für die Grundlinien der Seelsorge, der Diakonie und vieles andere mehr. Kirche/Gemeinde wird als Gottes Volk ernst genommen, wo man die Mitverantwortlichkeit derer respektiert, die Mitverantwortung im Volk Gottes übernehmen und sich ganz konkret in den Aufgaben der Gemeinde/der Kirche engagieren wollen. Vorbehaltsrechte der kirchlichen Amtsträger können nur dort überzeugend im Volk Gottes wahrgenommen werden, wo sie im konkreten Fall tatsächlich der Identität des Christlichen in der katholischen Kirche zur Geltung verhelfen.
Die Spannung »Priester – Laien« wird in Gemeinden und Diözesen gleichwohl immer wieder neu spürbar werden und zu gestalten sein. Sie wird erträglich bleiben und

fruchtbar werden, wenn es im Alltag gelingt, sich gegenseitig als verantwortlich glaubende Menschen wahrzunehmen, wenn also nicht der Eindruck vorherrschend bleibt, Kirche funktioniere dann am besten, wenn sich jeder und jede möglichst nahtlos an die »Geistlichen« als die vorbildhaft Glaubenden anschlösse. Geistlich ist die ganze Gemeinde, ist jeder und jede, insofern sie/er seinen Glauben und das, was ihm/ihr der Glaube ermöglicht, in sie einbringt. Geistlich ist das Miteinanderteilen und einander Mitteilen dessen, was der Glaube in den Glaubenden bewirkt, wozu er sie herausfordert, was er ihnen abverlangt und was er ihnen schenkt. Glauben miteinander teilen heißt: Gottes Geist miteinander teilen. Aber ist der Glaube denn einfachhin zu Hause in unseren Gemeinden und Diözesen; sind sie Wohnstätten des Gottesgeistes, in denen man in diesem Geist miteinander wohnt und lebt? Sind sie – wie es im 1. Petrusbrief heißt – das aus lebendigen Steinen auferbaute »geistliche Haus«, der »heilige Tempel«: Gottes Wohnort unter den Menschen (1 Petr 2,5)? Schon Paulus spricht seine Gemeinde in Korinth so an: »Wisst ihr nicht, dass ihr Gottes Tempel seid und der Geist Gottes in (unter) euch wohnt?« (1 Kor 3,16) Aber was könnte das für unsere Gemeinden am Ende des 2. Jahrtausends danach heißen: Tempel Gottes sein? Welche Vision von Kirche zeichnet sich hier ab?

Vielleicht ist hier zunächst an Karl Rahners Wort zu erinnern, der »Fromme von morgen« werde »ein ›Mystiker‹ sein, einer, der etwas erfahren hat«. Er müsse es schon deshalb sein, »weil die Frömmigkeit von morgen nicht mehr durch die im voraus zu einer personalen Erfahrung und Entscheidung einstimmige, selbstverständliche öffentliche Überzeugung und religiöse Sitte aller mitgetragen wird«, sondern der Einführung ins Geheimnis Gottes verdankt und von der eigenen geistlichen Erfahrung geprägt sein werde.[11] Gott kann in seinem Geist da »wohnen«, wo man gute Orte bereitet, die der Mystagogie dienen und dem Erfahrenkönnen des Geglaubten Raum bieten. Diese guten Orte werden gewiss nicht immer Ortsgemeinden sein, sondern etwa geistliche Zentren, die man aufsucht, um den Alltag mit einer geistlichen »Auszeit« zu unterbrechen – aber eben hoffentlich auch lebendige Gemeinden.

5. *Gemeinde: Wohnort des Geistes Gottes, Gottes Haus*

Glaube ist ja kein Besitz, auch für unsere Gemeinden und auch für die Kirche nicht. Er ist ein Wagnis, das Mut erfordert; und das wird heute vielleicht mehr denn je so empfunden. Es ist – sehr kurz, ja verkürzend gesagt – das Wagnis, sich in das Versprechen der Liebe hineinzutrauen, in das Versprechen der Liebe Gottes, die uns das Leben in all seinen Möglichkeiten und Abgründen schenkt und zumutet, damit es in der Liebe zur Vollendung komme. Das Leben, das jedem von uns ungefragt mitgegeben wird, ist ein Versprechen, wenn in ihm immer wieder neu – auch nach schmerzhaften Abbrüchen, in Schuld und Scheitern unzerstörbar neu – der gute Anfang erfahrbar wird, der – vielleicht etwas pathetisch formuliert – den »Geschmack« der Liebe hat und die Verheißung in sich trägt, dass er nicht aufhören wird anzufangen. Was in ihm erahnbar wird, das wird geglaubt – wenn es denn geglaubt werden kann – als *Gottes* Anfangen mit jedem/jeder einzelnen von uns. Wenn es sein Anfangen ist, so darf auch geglaubt werden, dass das Versprechen, das die Liebe macht, wahr wird, wahr wird über all das hinaus, was Menschen einander versprechen und wofür sie selbst geradestehen könnten.
Aber kann man solchen Versprechen überhaupt noch einen Kredit geben – in einer Zeit, in der es ja so nahe liegt, hier ideologiekritisch den Wunsch als Vater des Versprechens ausfindig zu machen[12] und es zu quittieren mit dem resignativen Bescheid: Zu schön, um wahr zu werden? Wenn immerhin dies gesagt werden dürfte: Es ist so schön, dass man sich kaum traut, daran zu glauben, weil man den eigenen Projektionen und Visionen nicht auf den Leim gehen und dann grausam enttäuscht werden möchte! Vielleicht ist es letztlich unerklärlich, dass es doch Menschen gibt, die sich in dieses Versprechen mit ihrer ganzen Existenz hineintrauen, weil sie gar nicht anders können, als es darauf ankommen zu lassen, ob und wie das Versprechen wahr wird; Menschen, die sich in Dienst nehmen lassen

von diesem Wahrwerden und anderen Menschen Mut machen können, über ihre Skepsis und ihre Enttäuschung hinauszukommen. Auch sie können nicht beweisen, dass das Versprechen wahr ist, das sie mitverantworten. Aber sie wissen, dass es überhaupt nur durch die und an denen wahr werden kann, die sich in es hineintrauen. Und sie haben ein klein wenig erfahren, dass dieses Versprechen tatsächlich für sich selbst spricht – weil Gott in ihm spricht, so dass ihm nicht glauben hieße, dem Leben selbst nicht mehr trauen. Sie haben erfahren, dass das Sich-Trauen Freude macht; und sie weigern sich anzunehmen, dass ihre Freude gegenstandslos und unberechtigt ist.
Aber auch sie brauchen Menschen, die sie ermutigen; die ihnen zeigen, was es heißt, sich zu trauen – in Zeiten, in denen die Angst, schließlich doch enttäuscht zu werden, ins Unerträgliche anwächst. Gemeinde ist die Gemeinschaft derer, die auf solche Ermutigung angewiesen und unerklärlicherweise dazu in der Lage sind; die Gemeinschaft derer, die einander nichts mehr beweisen müssen, aber einander zeigen können, dass es unwidersprechlich gut ist, der Herausforderung zu folgen, die Gott ist und uns in der Liebe zuspricht – dass es gut ist und Freude macht über all das Angenehme hinaus, das eben nicht unwidersprechlich gut ist.
Dieser Mut ist kein Besitz, kein Ergebnis einer Überzeugungs- und Belehrungsprozedur, die man irgendwann einmal hinter sich haben könnte, so dass man dann als amtlicher Ermutiger die anderen nur noch freigebig teilhaben lassen könnte an dem, was man selbst zur Verfügung hat. Die Art von Mut und Ermutigung, um die es hier geht, verdankt sich einer Kraft, die unverfügbar aufrichtet und Mut fassen und uns aufeinander angewiesen sein lässt, weil es gerade die oder der mir jetzt Begegnende sein könnte, von der oder von dem her diese Kraft in mich eingehen und in mir »Wohnung nehmen« will. Die Bibel nennt sie den *Paraklet*; dem Wortsinn nach heißt das tatsächlich: der Ermutiger, dessen »Trost« die Mutlosigkeit der Zurückgelassenen überwindet (vgl. Joh 14 und 16). Er *bezeugt* uns, dass verlässlich ist, was uns oft so zweifelhaft wird, dass das Versprechen glaubbar ist, das uns mitunter nur noch

wie das Irrlicht eines sehnsuchtskranken Menschseins vorkommt.
Er ist der Zeuge, dessen Zeugnis, wenn es gut geht, menschliches Zeugnis hervorruft, dessen »parakalein« uns, wenn es gut geht, Ermutiger sein oder für Ermutigung offen sein lässt. Wenn das Zeugnis glaubender Menschen seinem Zeugnis antwortet, es ins Wort oder in die ermutigende Tat bringt, dann geschieht, worauf der Paraklet abzielt: das Zusammengefügtwerden von Menschen, die Gottes Geist miteinander teilen, ihn bezeugen und in diesem Sinne Kirche sind. In diese gemeindebegründende Zeugniskommunikation sind alle einbezogen, die sich einbeziehen lassen und Gottes Geist eine »Angriffsfläche« bieten. Der Unterschied von Priester und Laie spielt hier keine entscheidende Rolle; die klare Rollenverteilung in Lehrende und Hörende, die Unterscheidung von lehrender und hörender Kirche hat hier keine Triftigkeit. Wer hier spricht und wer hört, das ergibt sich daraus, wer gerade sprechen – und mit seinem Zeugnis hilfreich sein – kann und wer jeweils auf das aufschlussreiche Wort und die ermutigende Tat anderer angewiesen ist.
Dass die vielen kleinen lebendigen Steine den Wohnort Gottes – und Jesu Christi – unter den Menschen aufbauen, Gottes Geist mitten in der Welt wohnen lassen, ihm »Raum geben«; dass sie einander Halt geben und »aufbauen«, wo der einzelne für sich allein verloren und »ortlos« in seiner Welt »herumläge«: das scheint mir ein bedenkenswertes Bild für Gemeinde und für Kirche heute zu sein. Mit ihm wird nicht der Dienst des Petrus, des Felsen, auf dem sich die Kirche gründen darf, relativiert oder bagatellisiert. Seine geistgewirkte Zuverlässigkeit in der Überlieferung dessen, was Gott seiner Kirche in Jesus Christus mit auf den Weg gegeben hat, wird mehr denn je gebraucht, damit er mit ihr seine Brüder und Schwestern im Glaube stärke (Lk 22,32). Aber dieser Dienst wird vielfach auch in den alltäglichen Lebensverhältnissen der Gemeinden ausgeübt: von denen, die einander zu zuverlässigen Zeugen werden und einander ermutigen, den Zweifel auszuhalten, mit ihm zu leben und ihm so standzuhalten.
Der Zweifel ist an sich dem Glauben nicht von vornherein

feindlich; er ist – auch in der Kirche, in unseren Gemeinden – durchaus am Platze. Er schützt davor, Geltungsansprüchen zu schnell Glauben zu schenken und schlechte Argumente mit guten zu verwechseln. Er lebt auf, wenn er entdeckt, wie sich der Glaube mit schlechtem intellektuellem Gewissen am Leben zu halten versucht. Er ist in seinem Element, wo er auf Großmäuligkeit stößt, denn er weiß aus Erfahrung: Hier hat jemand etwas zu verbergen. Vielleicht sollten wir den Zweifel als Bundesgenossen willkommen heißen, ohne ihm einfach das Feld zu überlassen: Er erinnert uns daran, wie schnell unsere Worte – unsere Gewissheiten – eine Nummer zu groß sind, wie schnell wir weghören, wenn es unbequem wird. Er lässt nicht zu, dass wir Gegenargumente auf die leichte Schulter nehmen, sie nur deshalb zu verdrängen versuchen, weil wir so besser Selbstbewusstsein demonstrieren und – wie man heute so sagt – »Flagge zeigen« könnten. Er ist der Bundesgenosse all dessen, was an der Tür unserer oft so nach außen abgesperrten »Tempel aus lebendigen Steinen« steht und nach Einlass verlangt, was uns gewiss auch irritieren würde, wenn wir es hereinließen.

Wir müssen mit ihm leben, aber wir müssen ihm nicht das Feld räumen. Ist er denn nicht auch noch einmal unser Bundesgenosse gegen ihn selbst? Er fragt uns – mit *Bert Brecht* –, ob wir bereit sind, auch an unseren Zweifeln noch zu zweifeln; ob wir *zuviel* Gründe brauchen und deshalb aus dem Blick verlieren, was hier und jetzt zur Entscheidung steht und auch entschieden werden muss, was hier und jetzt riskiert werden muss – und guten Gewissens auch riskiert werden darf.[13]

Der Zweifel darf also ein Hausrecht beanspruchen in unseren Gemeinden, in der Kirche, damit wir nicht draußen lassen, was uns bloß unbequem wäre, den Betrieb und die Selbstgewissheiten irritierte. Er stellt uns vor die Frage, ob das Gottes-Haus aus lebendigen Steinen, das wir sind, denen ein Wohnrecht gibt, die sonst nirgends bleiben können: den Menschen, die nach einem *Asyl* suchen, aber auch den großen Problemen und Fragen, die oft so irritierend sind und unlösbar scheinen, dass sie bereitwillig ausgesperrt werden aus den gesellschaftlichen Diskursen und

geradezu nach einem Ort verlangen, wo sie noch vorkommen und gefragt werden dürfen. Sind unsere Gemeinden und Diözesen in diesem Sinn Asylort für die in unserem gesellschaftlichen Zusammenleben Verdrängten und das um unserer Selbstvergewisserungen willen Verdrängte? Kann in ihnen vorkommen, was sonst kaum vorkommen darf? Von Jesus Christus wissen wir, dass er die an den Rand Gedrängten seiner Zeit – die Aussätzigen, die Volksfremden, die Kinder und die Frauen – in die Mitte geholt hat, dass er die der religiösen Hierarchie seiner Zeit unbequemen Fragen vorkommen ließ und dass für ihn mit alldem Gottes Herrschaft – Gottes Wohnen unter uns – anfangen sollte. Darf sein Geist in unseren Gemeinden wohnen? Provoziert er sie wenigstens, danach zu fragen, was sie – ganz konkret hier und jetzt – nicht gern hereinlassen oder gar aussperren: aus ihrer Aufmerksamkeit, aus ihren Glaubens- und Lebensräumen?
Wenn die Gemeinde Jesu Christi Liturgie – Eucharistie – feiert, so feiert sie das Zusammensein- und Zusammenwohnendürfen mit ihrem Herrn. Und sie darf sich durchaus im »Schonraum« der Feier an dieser Gegenwart freuen, sich ihrer – auch angesichts von Zweifel und Mutlosigkeit – vergewissern und zu Erfahrungen hinführen lassen, die dazu inspirieren, den »Alltag« zu bestehen. Aber mit diesem Herrn und in seinem Geiste kann nur zusammenwohnen, wer nicht aussperrt, was nach Einlass verlangt, und wer sich dann auch hinausführen lässt an die Brennpunkte des Lebens: die Orte der Entscheidungen, die um seinetwillen zu treffen sind, an die Orte des Scheiterns, dem es ausgesetzt ist, an die Orte des Sündigens, das möglichst vertuscht werden soll. Die Vision von Gemeinde, die das Bild der Wohngemeinschaft der Glaubenden und nach den Glauben Suchenden zeichnet, ist die einer »Gemeinschaft unterwegs«, die an der lebenstiftenden Solidarität Jesu Christi mit denen teilnimmt, die auf solche Solidarität angewiesen sind: keine U-topie, sondern eine Herausforderung, in der Gemeinde sich einfinden muss, wenn sie Gemeinde Jesu Christi sein will.

Anmerkungen

[1] Vgl. J. Werbick, Kirche. Ein ekklesiologischer Entwurf für Studium und Praxis, Freiburg i. Br. 1994.
[2] Vgl. die tastenden Bemerkungen in der Liturgiekonstitution Sacrosanctum concilium 42.
[3] Zum patristischen Hintergrund vgl. P. J. Cordes, Communio – Utopie oder Programm, Freiburg – Basel – Wien 1993, 73 ff.
[4] Publiziert in: Herder Korrespondenz 46 (1992), 319–323.
[5] Ebd. 321.
[6] Sacrosanctum concilium 10.
[7] Vgl. dazu das stichwortgebende Werk: U. Beck, Die Risikogesellschaft. Auf dem Weg zu einer anderen Moderne, Frankfurt a.M. 1986 bzw. P. Gross, Die Multioptionsgesellschaft, Frankfurt a. M. 1994. Aus religionssoziologischer Sicht äußert sich zu dieser Individualisierungsdynamik: K. Gabriel, Christentum zwischen Tradition und Postmoderne, Freiburg i. Br. 1992, 140 ff.
[8] H.-J. Venetz, So fing es mit der Kirche an. Ein Blick in das Neue Testament, Zürich 1981, 132.
[9] J. Ratzinger, Das neue Volk Gottes. Entwürfe zur Ekklesiologie, Düsseldorf 1969, 358.
[10] P. M. Zulehner hat für diesen Sachverhalt den Namen »Auswahlchristentum« gewählt; vgl. sein Buch: Religion nach Wahl. Grundlegung einer Auswahlchristenpastoral, Wien 1974.
[11] K. Rahner, Frömmigkeit früher und heute, in: Schriften zur Theologie, Bd. 7, Einsiedeln 1966, 11–31, hier 22f. Vgl. als »Kommentar«: J. Splett, Mystisches Christentum? Karl Rahner zur Zukunft des Glaubens, in: ThQ 174 (1994), 258–271.
[12] Immerhin weist auch T. W. Adorno darauf hin, wie schnell »der Gedanke, der den Wunsch, seinen Vater, tötet, ... von der Rache der Dummheit ereilt« wird. Minima moralia. Reflexionen aus dem beschädigten Leben. Gesammelte Schriften, Bd. 4, Frankfurt a.M. 1980, 137.
[13] Vgl. B. Brecht, Lob des Zweifels, in: Gesammelte Gedichte, Frankfurt a. M. 1976, 626–628.

WOLFGANG SCHWENS

Die Kirche Österreichs im Spiegel
Kennzeichen und Szenarien für das Leben in Pfarrgemeinden

Wie ist die Reaktion, wenn man in einen Spiegel sieht? Erschrecken: »So weit ist es nun also gekommen!« Vielleicht deshalb, weil man gern ein anderes Bild von sich hätte? Oder Wohlgefallen: »Gut, dass ich so bin und nicht anders. Ich gefalle mir.«
In diesem Beitrag soll in exemplarischer Weise und ohne Anspruch auf Vollständigkeit der Kirche Österreichs, wie sie sich in ihren Pfarren zeigt, ein Spiegel vorgehalten werden. Auch da sind mehrere Reaktionen möglich: die wenigen Kennzahlen, die uns die Statistik bietet, können angesehen werden als Beweis dafür, dass »alles den Bach 'runtergeht« oder als Bestätigung dafür, dass »doch alles okay ist, ja durchaus besser wird«.
So ist der Rückgang der Kirchenmitgliedschaft beispielsweise ein Faktum, das nicht wegzuleugnen ist. Nur sagen diese statistischen Zahlen z.B. überhaupt nichts aus über Vitalität oder (Mortalität) einer Gemeinde.
Hier soll deshalb nicht bloß ein Spiegel der Zahlen präsentiert werden[1]. Vielmehr sollen ausgehend von den statistisch erhobenen Zahlen und den qualitativen Untersuchungen Fokussierungen inhaltlicher Art vorgenommen werden. Dies kann aufgrund des begrenzten Raumes nur blitzlichtartig und bruchstückhaft, in einzelnen Spiegelscherben sozusagen, geschehen.[2]

I. ZAHLEN

1. Kirche lebt in den Pfarren – mehr oder weniger

»Warum redet Ihr immer nur von Pfarren. Die leben doch schon lange nicht mehr. Da ist bloß noch Platz, dass sich einzelne eine Bühne schaffen, um sich vor den anderen zu profilieren.«

»Pfarrei – das ist doch nur die Kirche mit ein paar Leuten, die darauf aufpassen, dass sie keiner schmutzig macht. Schön renoviert, aber ansonsten tot.«

»Wenn ich meine Pfarre nicht mehr hätte, dann wäre ich längst aus der Kirche ausgetreten.«

Aussagen wie diese lesen und hören wir häufig im Rahmen von Pfarrgemeindeentwicklungsprojekten. Die Unterschiedlichkeit dieser drei Aussagen zeigt, dass es keinen eindeutigen Trend für oder gegen Pfarren als Organisationen gemeindlichen Lebens gibt. Einerseits gilt, dass die früher als selbstverständlich geltende Tatsache, dass Kirche im Wesentlichen aus und in ihren Pfarrgemeinden besteht und lebt, heute längst nicht mehr so selbstverständlich anerkannt ist; denn neben die traditionelle, territorial klar abgegrenzte Pfarrgemeinde sind unterschiedliche Angebote getreten, Gemeinde zu bilden. Andererseits gilt nach wie vor die Pfarre als Ort von Beheimatung und Verwurzelung.

2. Das bestehende Modell

In Österreich gibt es 9 Diözesen, die sich in insgesamt 3048 Pfarren gliedern (Ende 1998). Dieser Zahl stehen ca. 2600 Priester mit Tätigkeiten als Pfarrer gegenüber. Zum Ende des Jahres waren also ca. 20% der Pfarren ohne Pfarrer am Ort. Hinzu kommen österreichweit noch etwa 1759 Kirchen und sonstige Seelsorgsstellen, die teilweise mit einem Priester besetzt sind, teilweise in anderer Form mitbetreut werden. An vielen solcher Stellen gibt es Gemeinden, auch wenn sie nicht im eigentlichen Sinne Pfarr-Gemeinden sind. Vergleicht man die Zahlen der Priesterweihen (Zugänge) mit den Zahlen der Abgänge, dann wird sich in den nächsten Jahren die Zahl der Pfarren ohne einen geweihten Priester vor Ort vergrößern. 1960 etwa wurden in Österreich 103 Männer zu Weltpriestern und 74 Männer zu Ordenspriestern geweiht, 1998 waren dies noch 31 Welt- und 32 Ordenspriester. Beständig im Wachsen (mit kleinen Schwankungen) ist die Zahl derjenigen Priester, die in anderen Diözesen inkardiniert sind, aber hier in Österreich ihren Dienst (für eine begrenzte Zeit oder für länger) versehen.

Verhältnis von Priestern zu Gläubigen: Im Jahr 1998 kamen auf die insgesamt 4596 Geistlichen (Welt-, Ordenspriester, Priester aus anderen Diözesen, Pensionisten) in Österreich jeweils 1288 Katholiken.

Allein in den letzten fünf Jahren hat die Kirche Österreichs durchschnittlich 0,5% ihrer Mitglieder verloren (von 1994 bis 1998 waren dies 186.537). Auch 1999 meldeten die Kirchenbeitragsstellen ein weiteres Ansteigen der Zahlen.

Andererseits lebt und besteht das System Pfarre nicht nur aus einem möglichst ausgewogenen Verhältnis von Priestern zu Gläubigen: Engagierte, Ehrenamtliche, Runden, Gruppen, ... über diese Art der Lebendigkeit von Gemeinden gibt es kaum statistisches Material. Nach einer Pfarranalyse im letzten Jahr sagte ein betroffener Pfarrer, dass er selbst sehr erstaunt war, wie viele Runden und Gruppen es in seiner Pfarre gibt.

3. Verschiedene Formen von Gemeindeleitung

Neben Priestern gibt es in Pfarreien hauptamtlich tätige Laien oder »ständige Diakone« mit einer besonderen Beauftragung zum Dienst als Pfarrassistent/innen, Pastoralsassistent/innen, Gemeindeleiter/innen, Gemeindekuratoren, Pfarramtsleiter. Diese Leitungsfunktion stützt sich auf CIC can 517 §2, der besagt, dass Laien (eine Gemeinschaft oder eine Person) an der Leitung von Gemeinden beteiligt werden können, wenn der Diözesanbischof dies – etwa wegen des Priestermangels – glaubt tun zu müssen. Die Zahl der Laien, die in Österreich nach diesem Modell arbeiten, wurde im Oktober 1998 mit 87 angegeben. Österreichweit gibt es für diese Art der Leitung

von Pfarrgemeinden ebenso viele Modelle wie es Diözesen gibt. In einigen Fällen wird die genannte Funktion de facto ausgeführt, ist aber de jure nicht (noch nicht) etabliert. Die Vollmachten und Befugnisse des Pfarrers, so wie es der can 517 §2 will, nimmt in den betroffenen Pfarren ein Pfarrmoderator (ebenso unterschiedliche Titel gebräuchlich) wahr. Liegen im ersten geschilderten Modell die Probleme derzeit ganz offensichtlich darin, dass die Zahl der Priester absehbar geringer werden wird und eine flächendeckende Versorgung der Pfarren mit einem Priester vor Ort nicht mehr möglich ist, so prägen das zweite Modell Zeichen des Übergangs: die traditionellen Bilder von Gemeinde werden in Frage gestellt, neue Strukturen der Absprache und Zusammenarbeit von Moderator und Gemeindeleiter müssen bedacht werden, das Zueinander von Gemeinde und Leitung wird anders werden. Nicht zuletzt betrifft diese Form der Gemeindeleitung auch die Feier der Eucharistie.
(Ist nun der Moderator nur ein *heruntergekommener* Pfarrer – wie es einmal in einem Gespräch mit einem Verantwortlichen vernehmbar wurde – und ist der Pfarrassistent der ein wenig *aufpolierte Pastoralassistent*? Formulierungen wie diese zeigen, dass vor allem das Rollenverständnis noch gründlich zu diskutieren ist.)
Die Akzeptanz in der Gemeinde – das zeigen alle Beobachtungen in Gemeinden mit Pastoralassistent/innen als Gemeindeleiter/innen oder als Angestellte im Pfarrteam – ist hoch, wenngleich nicht immer die erste Wahl der Gemeinde selbst.[3]

4. Verschiedene Formen von »Gemeinden«

Gemeinden sind nicht immer territorial abzugrenzen. Denn vor allem im eher städtisch geprägten Raum finden sich immer mehr Personalgemeinden (vielfach in der Hochschulseelsorge, Krankenhausseelsorge oder in anderen kategorialen Systemen). Sie sind nicht durch die Wohnsituation der Gemeindemitglieder bestimmt. Zahlenmäßig sind solche Gemeinden kaum fassbar, da sie häufig eher klein sind und viele Priester solche Personalgemeinden noch neben ihren Haupttätigkeiten »haben«. Die zumeist wesentlich (stärker als in der territorialen Gemeinde) durch den gemeinsamen Gottesdienst als Mittelpunkt der Gemeinde geprägte Gruppe lebt und (stirbt) häufig mit der Person des Gottesdienstleiters. Wird der Priester versetzt, nimmt er eine andere Aufgabe an oder wird er vom Orden an eine andere Stelle berufen, dann bleibt häufig nicht viel. Hier sind die Erfahrungen immer wieder dieselben: »*Wenn der nicht mehr unser Priester ist, dann nutze ich den Absprung.*« Oder: »*Ich kann jetzt nicht gehen, obwohl ich ja eigentlich nichts mehr damit anfange, aber ich würde den Priester sehr persönlich treffen.*« Eine Fortführung eines durch eine Gründungsperson sehr persönlich geprägten Stils ist für einen eventuellen Nachfolger kaum möglich: die beiden Möglichkeiten der Imitation oder des bewussten Gegenpols enden häufig in einer Sackgasse.

Vor allem in Großstädten sind Modelle von Personalgemeinden aber zunehmend in Diskussion. Absehbar werden sie in Zukunft wichtiger.

Ebenso gibt es in den großen Städten Überlegungen, wie es eine neue »City-Pastoral« geben kann. Eine Pastoral – ausgehend von einer Kerngemeinde oder von einem Team, das sich vornehmlich um die Konzeption einer auf neue Herausforderungen der Großstadt reagierenden Pastoral einlässt. Was dies für die Gemeinde heißt, ist noch nicht wirklich absehbar. Lebt Gemeinde aus wenigen »Kernmitgliedern« und vielen »Konsumenten« eines attraktiven Angebots? Diese Frage, die hier wieder neu gestellt wird, ist eigentlich eine Frage, mit der sich schon jetzt viele traditionelle Pfarren im städtischen Raum konfrontiert sehen.

5. Gottesdienstbesucher

Mit zwei Zahlen soll der Gottesdienstbesuch beleuchtet werden: Lag der Gottesdienstbesuch seit 1945 immer über 30% (gemessen an der Gesamtzahl der Katholiken), so erfolgte der erste »Einbruch« in den 68ern. Plötzlich waren es 25%. Ganz kontinuierlich sank die Zahl der

Besucher dann bis 1998 auf etwas über 16% (16,32). Die Diözesen Wien und Graz bilden die »Schlusslichter« (13,2% ED Wien bzw. 12% Diözese Graz), im Bistum Eisenstadt gehen statistisch gesehen die meisten Leute in die sonntäglichen Gottesdienste (1998: 26%).
Gottesdiensttourismus nimmt zu: Es ist zu beobachten, dass vor allem im eher städtisch geprägten Raum (aber auch auf dem Land) der Gottesdienstbesuch am Sonntag an Kennzeichen wie guter Predigt, guter Musik, guter Liturgie oder Ähnlichem festgemacht wird. Man sucht sich den Gottesdienst aus, der den eigenen Bedürfnissen am ehesten entspricht. Eine fixe Zuordnung zu einer Gemeinde gibt es nicht mehr, höchstens temporär, vielleicht über eine Saison, vielleicht auch nur für ein oder zwei Gottesdienstbesuche.
Klassische Zentren für die Bildung solcher Art von Gemeinden sind die Klöster. Als geistliche Zentren für eine Region kommt ihnen zwar meist auch in bestimmter Form die Funktion der Pfarre zu, die sonntägliche Gottesdienstgemeinde setzt sich aber zu großen Teilen aus Menschen zusammen, die aus näherer oder aus weiterer Umgebung anreisen.
Aber: Kann die Lebendigkeit einer Pfarre daran gemessen werden, wie hoch der Gottesdienstbesuch ist, oder an den Kirchenaustrittszahlen oder an der dauernden »Verfügbarkeit« eines Priesters am Ort? Wohl kaum. Diesen Zahlen kommt höchstens eine Indikatorfunktion zu. Die Zahl ist *eine* Beschreibung der Wirklichkeit; jeder an der Pastoral Interessierte wird seine eigene Interpretation davon haben (müssen).

II. INHALTE

Pfarrgemeinde ist aber mehr und anderes, als dies in den wenigen Zahlen ausdrückbar ist. Hier soll daher noch ein anderer Versuch gemacht werden, die Situation von Pfarren in Österreich zu umreißen. Als Begleiter von Pfarrgemeinde-Entwicklungsprozessen und durch die Auswertung von Fragebögen, die quantitativ und qualitativ das Leben von Pfarrgemeinden zu erfassen suchen, fallen mir

Indikatoren auf, die – bei aller Unterschiedlichkeit der bisher untersuchten Pfarren – überall (unterschiedlich ausgeprägt) auftauchen: Zugehörigkeitsgefühl, gelebter Glaube, Geschwisterlichkeit, Visionsfähigkeit und das helfende Füreinander-Dasein. Das sind die Indikatoren, in denen sich Pfarre verstehen lernen kann.

1. Geschwisterlichkeit

Gemeinschaften, Familien, Gruppen, Vereine und Gemeinden brauchen Abgrenzung: durch das bewusste »Anders-Sein« gegenüber »denen da draußen« wird Identität geschaffen. Nur, zu eng sollte diese Bindung nicht sein. Immer wieder ist in Pfarren und Pfarrgemeinderäten feststellbar, dass eine solche Abgrenzung häufig »die Anderen« vergisst. *»Wir gefallen uns hier in der Pfarre so gut, unser Leben ist so intensiv, wir haben so viel vor – da schaffen wir es gar nicht, uns um die anderen zu kümmern.«*
Und entsprechend fallen die Ergebnisse von Befragungen aus. Es gibt in Pfarren eine (noch) breite Mitte, die relativ regelmäßig am Gottesdienst teilnimmt, aber nichts mehr mit der Gemeinde zu tun haben will. Dann gibt es eine kleine (aber feine) Gruppe von Leuten, die den Laden »schupft«; ein Elitekreis, die Auserwählten, die Günstlinge, aber auch die Arbeiter/innen, die Engagierten, die Überzeugten, kurz: die Macher. Wie aber nehmen beide Gruppen einander wahr? Tun sie dies überhaupt? Eine ältere, fromme Frau sagte einmal in einer Pfarrversammlung: *»Wissen Sie, die«* – gemeint war die Gruppe der ›Macher‹ – *»merken gar nicht, wenn die was veranstalten und von uns kommt keiner dahin. Die machen das einfach und führen uns das vor. Sagen Sie mal: ist das meine Gemeinde? Sieht so meine Kirche aus? Nur weil ich mich nicht so engagieren kann, bin ich doch nicht weniger wert? Ich selbst kann mich ja noch an meinen Herrgott wenden, mir reicht das – aber die Jungen, die müssen doch alle eingebunden werden, sonst laufen die uns doch ganz weg.«*
Auf meinem Splitter des Spiegels (um wieder zum Anfangsbild zu kommen) österreichischer Kirche zeigt

sich: es darf nicht zu einem Gegeneinander oder Nebeneinanderher von unterschiedlichen Gruppen kommen. Nur geschwisterlich lebende Pfarren werden ihren Weg in die Zukunft finden.

Hier soll noch eine Beobachtung zum Bereich der geschwisterlichen Kirche eingefügt werden. Österreich gilt als eines der spendenfreudigsten Länder. Auf der Liste derer, denen es gut geht in Europa, steht Österreich auch ganz oben. Gefragt nach einer solidarischen Grundhaltung wird in vielen Studien gleich geantwortet: Solidarität und Nächstenliebe sind zwei der höchsten Güter, die wir als Christen zu bieten haben. Konkretisiert sich diese Nächstenliebe aber, dann stellen wir leider häufig fest, dass z.B. die Ausländer, die im Inland leben, häufig nicht als Adressaten dieser Solidarität angesehen werden. Ähnliches gilt für die sog. Minderheiten und die Sprachgruppen, die es in Österreich gibt.

Ein »Dauerauftrag Nächstenliebe« vom Konto ist halt doch einfacher, als einem Obdachlosen jeden Tag ins Gesicht sehen zu müssen, weil er vor unserer Kirche seine »Wohnstatt« aufgeschlagen hat. Je weiter weg die Betroffenen, desto solidarischer sind wir.

2. Gemeinschaft

Eine weitere Wahrnehmung: Es bröckelt an den Rändern! Bei der üblichen Frage nach der eigenen Zuordnung innerhalb der Gemeinde gibt es einen nicht geringen Teil derer, die sich am Rande der Gemeinde stehen sehen. Sieht man näher auf diese Gruppe, so ist die Tendenz, ganz aus der Gemeinde (häufig verbunden damit auch aus der Kirche) herauszufallen, besonders hoch. Je mehr Zugehörigkeitsgefühl und identitätsstiftende Momente innerhalb einer Pfarre gegeben sind, desto größer ist die Wahrscheinlichkeit, dass dies so bleibt. Je weiter draußen man sich sieht, desto größer die Wahrscheinlichkeit, dass man sich ganz entfernt. In Umfragen tauchen immer wieder Menschen auf, die wichtige Funktionen innerhalb der Gemeinde haben – und sich dennoch ganz außen stehen sehen.

Die Spiegelscherbe mahnt: Nur eine integrierende,

gleichberechtigt denkende und handelnde Gemeinde, die dialogisch ausgerichtet ist und möglichst auch ihren eigenen Rand im Blick hat, wird den Weg in die Zukunft finden.
Eine zweite Beobachtung: Immer wieder geht die Diskussion um die Jugend in der Gemeinde. Den Jugendlichen wird innerhalb der Gemeinde ein großer Raum ermöglicht; sie sollen tragende Rollen spielen lernen (in der Sicht der Älteren); und sie wünschen sich selbst, dass sie mehr mitgestalten können. Aber zwischen dem, was sich die Älteren vorstellen, und dem, was die Jugendlichen wünschen, gibt es oft erhebliche Unterschiede. Gemeinschaft zwischen Jung und Alt in der Gemeinde wird eines der Schlüsselworte sein. Nur: reden sollte man darüber; solche Gemeinschaft entsteht nicht von selbst.

3. Diakonie

Christliches Leben, Denken und Handeln ist wesentlich davon geprägt, dass alle Menschen gleich sind an Würde. Gesellschaftliche und kirchliche Entwicklungen bringen es allerdings mit sich, dass Gewinner und Verlierer hervorgebracht werden. Es gibt sie auch in Gemeinden und Pfarren: starke und schwache Glieder. Die Tradition der Kirche fordert, dass sich christliche Gemeinde um die kümmern soll, die der besonderen Fürsorge bedürfen. Sehr unterschiedlich scheint dieses Bedürfnis in Österreich ausgeprägt zu sein. Da gibt es Pfarren, in denen diakonisches Denken und Handeln darauf beschränkt ist, einmal im Jahr die Geldsäckchen für die Caritassammlung in den Kirchenbänken aufzulegen, man weiß allerdings nicht, wer im Ort beispielsweise tatsächlich von der Notstandshilfe lebt. Frauen und Männer in Caritas, Diakonie und in anderen ähnlichen Einrichtungen machen ihre großartige Arbeit jenseits der Gemeinde.
Der Blick in den Spiegel mahnt eindringlich: Ist es nicht an der Zeit, dass Gemeinde um die Menschen weiß, die in ihrer eigenen Umgebung der helfenden Sorge bedürfen?

4. Engagement

Pfarren leben durch das Engagement vieler, die sich zutiefst verbunden wissen – nicht zuletzt durch die Ermutigungen des 2. Vatikanischen Konzils. Die Zahl derer, die sich so engagieren, ist häufig gar nicht bekannt. Vieles, was in einer Gemeinde an Arbeit passiert, geschieht im Stillen. Immer wieder tauchen bei näherem Hinsehen auch Menschen auf, die sich gern engagieren wollen – aber nur für bestimmte Zeiten und für bestimmte Aufgaben. Geredet wird nicht viel darüber.

Und das ist die vorletzte Spiegelscherbe, die dem Leben der österreichischen Kirche vorgehalten werden soll: Ist den Verantwortlichen, Pfarrleitern, Pastoralassistent/innen und Pfarrassistent/innen bewusst, dass zahlreiche Menschen viele Aufgaben übernehmen und sich einige deshalb nicht trauen, sich für eine Aufgabe zu einer bestimmten Zeit mit beschränktem Umfang zu melden? Aus Angst, dass der kleine Finger, der gereicht wird, gleich mit der ganzen Hand verwechselt wird. Dass aus Lust sehr schnell eine Last werden kann?

5. Visionskraft

Gemeinde lebt von Visionen – »*die will aber hier keiner wissen!*« In einem Gespräch mit einem Pfarrgemeinderat musste ich dies zur Kenntnis nehmen. Die Visionen, von denen es in einer Gemeinde sicher ebensoviele wie Mitglieder gibt, sollten gehoben werden. Erster Lernerfolg: »*Aber bitte behutsam.*« Nicht alle in einer Gemeinde fühlen sich ermächtigt, von ihren Visionen zu erzählen. Andere sind so visionsgeladen, dass sie kaum zu bremsen sind und ihre Mit-Visionäre förmlich traurig-visionsgehemmt machen.

Die Spiegelscherbe mahnt: Schafft es eine Gemeinde nicht, ihre Visionen zu heben, zu vergemeinschaften und zu einer tragfähigen gemeinsamen Vision zusammenzubauen, dann wird es schwerlich möglich sein, ein bewohnbares Haus »Pfarre« zu erhalten.

Kirche in Österreich *ist* eine Kirche auf dem Weg, das pilgernde Volk Gottes in einem kleinen, feinen Land. Allein im Arbeitskontext der Arbeitsstelle für kirchliche Sozialforschung haben sich im Jahr 1999 sechs Gemeinden und ein ganzes Dekanat auf den mühevollen Weg gemacht, ihre Visionen zu heben, zu vergemeinschaften, sich selbst eine Vision von ihrer lebens-werten Pfarrgemeinde zu »verschreiben«, sehr aufwendig mit Hilfe eines Fragebogens einen Blick auf ihre jetzige Situation zu werfen, um danach in kleinen überschaubaren Schritten neue gemeinsame Wege in eine Zukunft zu gehen. Einzelne haben eine Idee von besserem Leben, stecken andere an, die wiederum überzeugen den Pfarrgemeinderat und den Pfarrer. Die Seelsorge- und Pastoralämter stellen Moderator/innen für diesen Weg zur Verfügung oder benennen solche.

Solange hier in Österreich in Pfarren und Gemeinden solche Bewegungsfreudigkeit, solcher Veränderungswille, Mut zu vielen Aufbrüchen usw. ist, solange lassen sich die beunruhigenden Zahlen (immer weniger Priester, sich verkleinernde Herde der Katholiken) gelassener ansehen.

Um noch einmal auf das Anfangsbild zurückzukommen: es ist weder angebracht, auf den Blick in den Spiegel der Situation österreichischer Pfarren mit Entsetzen zu reagieren: »So weit ist es nun also gekommen mit mir, so sehe ich aus?«, noch mit Selbstgefälligkeit: »Gut, dass ich so bin und nicht anders.« Oder?

Anmerkungen

[1] Die aktuellen Zahlen sind in aktueller Form bei der Zentralstelle für kirchliche Statistik, Stephansplatz 6, A-1010 Wien, zu bekommen.
[2] Als Vorbemerkung sei hinzugefügt: die »mathematischen« Zahlen stammen aus den Diözesen, aus der Zentralstelle für kirchliche Statistik der Österreichischen Bischofskonferenz, aus dem Österreichischen Statistischen Zentralamt und von der Arbeitsstelle für kirchliche Sozialforschung. Letztere beschäftigt sich seit einiger Zeit besonders in Beratungen, Umfragen und Erhebungen mit dem Thema der Pfarrgemeinde-Entwicklung. Nähere Informationen beim Autor.
[3] Leider war es im Rahmen der Recherchen zu diesem Aufsatz nicht möglich, eine einigermaßen verlässliche Zahl von in Gemeinden arbeitenden Pastoralassistent/innen zu bekommen. In jeder Diözese sind die Anstellungsmodalitäten andere, teilweise wenden Gemeinden beträchtliche Mittel auf, um solche Stellen aus der eigenen Tasche zu finanzie-

ren – teilweise werden als Verwaltungskräfte (Sekretär/innen) angestellte Personen de facto als Pastoralassistent/innen eingesetzt (leider ist auch der umgekehrte Fall immer mal wieder – freilich selten – anzutreffen).

Ottmar Fuchs

Identität der Gemeinde
Praktisch-theologische Impulse zu ihren Grundvollzügen

1. Die Kirche im Veränderungsdruck

In Krisen und Umbruchszeiten wächst in der Kirche die Versuchung, das Weiterfunktionieren von Institutionen wichtiger zu nehmen als die Inhalte, mehr sich selbst zu verwalten als die eigene Identität, die Wirkung von Strategien ernster zu nehmen als ihre inhaltliche Kritik und Orientierung. Darin besteht die »alte« Versuchung zur ekklesiogenen strukturellen Sünde: wenn die Kirche ihre Institutionsprobleme wichtiger nimmt als die Probleme der Evangelisierung. Auf allen Ebenen der Kirche muss selbstverständlich verantwortlich gehandelt und geplant werden. Nur ist das Planen selbst, wie alles andere auch, was Menschen tun, ein hochambivalenter Vorgang. Vor allem wenn man unter Druck gerät, um mit den Veränderungen zurecht zu kommen, favorisiert man dabei gerne (und zum Teil durchaus mit Recht) das Paradigma der »Theologie im Nachhinein« und vergisst darüber, dass es auch eine Theologie im Vorhinein gibt, die vorgegeben ist und die Praxis zu bestimmen hat. Im extremen Fall entsteht dann eine »Pastoral der Buchhalter«, indem man sich zwar nach wie vor die alten Inhalte unterstellt, aber sie selbst kaum mehr diskursiv thematisiert. Das Handeln der Betroffenen verkommt dann immer mehr zu reaktiven Maßnahmen, anstatt von der eigenen Glaubens- und Lebenswelt her zu schöpferischen Aktionen zu gelangen und dafür noch ausreichend Zeit zu haben. Die eingeladene Theologie hält man sich dann gerne als Erfüllungsgehilfin der getroffenen Entscheidungen: letztlich hässlich klein und grässlich stumpf. So verstehe ich selbstverständlich meine eigene theologische Identität in diesem Zusammenhang nicht. Ich verstehe sie aber auch nicht so, als könne ich großspurig von einer Luftbildperspektive herab die Praxis sortieren, als stünde ich nicht selbst in der Ambivalenz des Lebens und Gestaltens: zwischen Inhalt und Realität, zwischen Soll und Sein, zwischen Vision und Notwendigkeit. Was ich hier erreichen will, ist lediglich ein (im Horizont der kirchlichen Grunddimensionen von Martyria und Diakonia) theologisch qualifiziertes Innehalten, ganz im Sinne des gestellten Themas: »praktisch-theologische Impulse«. Denn das Grundproblem von pastoralen Handlungen, auch von Pastoralplänen, besteht darin, dass sie selbstläuferisch entarten und dann immer inhaltsresistenter werden, sowohl gegenüber den Inhalten der Menschen wie auch gegenüber den Inhalten des Evangeliums. Wenn solche Prozesse nicht die Unterbrechung ihrer selbst in die »Planung« aufnehmen, verkommen sie zur Planwirtschaft, in der darüber hinausgehende inhaltliche Intentionen ebenso sekundär werden wie das reale Leben der Menschen selbst. Also: wie entwicklungsoffen sind die Entscheidungen und Leitungen? Wie verhalten sich gesteuerte und vorhandene Prozesse zueinander? Sind ausreichend »Feedback-Schleifen« installiert, von denen man sich schöpferisch irritieren lässt? Ist z. B. die pastorale Planung so dialektisch, dass sie die Interventionen ihrer selbst einplant? Bereits systemtheoretisch ist jede lineare Leitung von komplexen Systemen eine Illusion, weil die Eigenkraft und Eigentätigkeit der Systeme und Teilsysteme mit Steuerungsimpulsen möglicherweise ganz anders umgeht als erwartet, weil vor Ort alles bzw. vieles anders aussieht, worauf sich ihrerseits diese Systeme zu beziehen haben. Lineare Leitungen, bei denen der Input dem Output entspricht, gibt es nicht bzw. täuschen einen Lösungsweg vor, der sich letztlich problemverschärfend auswirken wird.

Theologisch geht es dabei um die Frage, wieweit die pastorale Handlung und Leitung mit der Nichtplanbarkeit des Geistes Gottes in den kirchlichen Sozialgestalten (und darüber hinaus) »rechnen«. Diese Unberechenbarkeit dessen, was als Gegenwart Gottes, als Präsenz Christi in den Christinnen und Christen sowie in den Armen und Bedrängten zum Vorschein kommt, muss etwas sein dürfen, was im Ernstfall auch strukturelle Verhältnisse durchbricht und neu die Frage aufbricht, wie denn *dann* die strukturelle Verleiblichung der Evangelisierung in einem bestimmten Kontext aussehen müsste. Insbesondere die kreatorische Kreativität des Gottesdienst- und Gebetslebens ist immer darauf angelegt, aus der Begegnung mit dem Mysterium Gottes heraus ganz bestimmte Aporien und Unterbrechungen gegenwärtiger Realität aufzudecken bzw. zu bewerkstelligen und von daher neu Vergewisserungsprozesse anzustoßen.

Für mich ist übrigens das Leben des Pfarrers von Ars ein interessantes Beispiel für die Durchbrechung struktureller Vorgaben durch ein persönliches Charisma. Johannes Maria Vianney (1786–1859) hat sich mit seiner persönlichen Priesterberufung gegen die herrschenden Zulassungsbedingungen zum Priesteramt durchgesetzt. Hätte es nicht die Fürsprache eines hohen Geistlichen gegeben, dann hätte sich die Kirche selbst durch ihre strukturellen Vorgaben einer ihrer größten Priesterberufungen beraubt.[1]

Ich möchte innehalten: Was ich zu sagen versuche, ist unser aller Problem und Versuchung (nicht nur die der Handelnden, der Planenden und Leitenden in Ordinariat und Gemeinde). Und ich identifiziere hier nicht irgendjemand einfachhin mit meinen Anfragen im Sinne irgendwelcher Unterstellungen. Ich halte die Leitungen für genauso notwendig wie ihre theologisch motivierte Infragestellung. Schwarz-Weiß-Sichten stehen hier nicht an, sondern gemeinsame Suchbewegungen nach einer mit den gegebenen Umständen mitgehenden je besseren Strukturierung der Pastoral: in Orientierung am Evangelium und in der Wahrnehmung der Menschen. Weil es gerade in solchen Umbruchszeiten umso nötiger ist, die Richtung des Übergangs klar zu haben, möchte ich die Kriterien dieser *Richtung* erörtern, wie sie uns vorgegeben und nicht in unsere (auch nicht demokratische) Verfügungsgewalt gestellt sind. So wird man immer wieder zu unterscheiden und zu vermitteln haben zwischen einer *Herkunfts*- und einer *Vollzugsidentität* von Kirche, aber auch von kirchlichen Handlungen und Strukturierungen. So bringt die katholische Kirche bezüglich des ordinierten Dienstes eine in ihrer Geschichte entstandene Herkunftsidentität des priesterlichen Dienstes mit, die sich nicht gänzlich in der Vollzugsidentität einer aktuellen funktionalen Sortierung eines Pastoralteams auflösen kann. Und so kann auch nicht irgendeine Innen-Außen-Beziehung zwischen Kirche und Gesellschaft reguliert werden, sondern immer nur eine besondere, nämlich die der Diakonie und der Solidarität mit leidenden und von Ungerechtigkeit betroffenen Menschen. Auch diese Identität ist vorgegeben und nicht »abwählbar«. Ähnliches gilt selbstverständlich auch für die Inhalte des Glaubensbekenntnisses.

2. Identität der Gemeinde im Horizont des Gerichts (Diakonie)

Da wir oft zu sehr auf unsere eigenen Lebensräume schauen, und nicht auch die globalen und damit weltkirchlichen Dimensionen unserer hiesigen Identität in den Blick nehmen, möchte ich kurz diesen Bereich im Horizont des Selbstvollzugs der Kirche in *Diakonie* und Solidarität andeuten: um gegen jegliche Art von Banalisierung des kirchlichen Auftrags in unserer Zeit den inhaltlichen Rahmen weit und profiliert genug abzustecken, in dem sich auch die hiesigen kirchlichen Sozialformen befinden. Vom Evangelium her befinden sich die lokalen Kirchen in dieser globalen Verantwortung, die ganz bestimmte Konsequenzen für die Rekonstruktion der lokalen Selbstverwirklichung haben. In dieser Verantwortung kann es sein, dass eine bestimmte Art provinzieller Planung unterlaufen wird, wenn nötig über den Haufen zu werfen ist. Sonst verpasst die Kirche gerade in ihrer institutionellen Gestalt jene globale Solidaritätsverantwortung, wie sie diese bereits weitgehend lokal im nationalsozialistischen Deutschland verpasst hatte.[2] Und ein künftiger Papst wird dann auch dafür Trauer zu tragen und um Vergebung zu bitten haben. Wo kirchliche Strukturen die Christen und Christinnen nicht für die übergreifende Solidarität den fremden Fernen und den nahen Fremden gegenüber öffnen und befähigen, auch in die Richtung eines nachteilbereiten Zeugnisses, befriedigen und dienstleisten sie vielleicht auch Wichtiges, aber nicht das Notwendigste! Inhaltlich geht es mehr denn je um die Verkündigung des Gerichtes Gottes im Horizont seiner Gnade und um die Verkündigung der Versöhnung Gottes im Horizont des Gerichtes. Im Zusammenhang meines Hauptseminars im Winter-Semester 1998/99 zum Thema »Umgang und Beziehung mit den Toten« haben wir verschiedene Gedenkstätten in Tübingen besucht: Die Gedenkstätte der Universität für die Toten insbesondere des Ersten Weltkrieges, das Gräberfeld X im alten Tübinger Friedhof, wo die Toten der Anatomie begraben sind, die im Nationalsozialismus zu Hunderten aus den KZ's, aus den Euthanasieprogrammen, von Hinrichtungsstätten und aus den Gefängnissen kamen. Erst vor wenigen Jahren wurden dort die letzten Präparate (mit denen man noch bis dahin im Lehrbetrieb gearbeitet hat) von Leichen aus dieser Zeit bestattet. Uns ist im Gespräch aufgegangen, wie sehr jede Epoche in unserem Land Opfer produziert hat, am allerschlimmsten im Naziregime. Und uns ist klargeworden, dass wir diese Vergangenheit heute – Gott sei Dank – aus der Perspektive der Opfer wahrnehmen und beurteilen, dass wir uns aber in eigenartiger Weise aus dieser Erinnerung heraushalten, weil sie ja auf die Vergangenheit bezogen ist, in der wir selbst nicht vorkommen. Das alles wendete sich aber mit einem Schlag, als eine Teilnehmerin die Erinnerung von der Vergangenheit in die Zukunft trieb, indem sie unsere Nachkommen danach fragt, was sie denn im Bezug auf uns erinnern werden. Was werden die Menschen nach uns von uns selbst für ein Gedächtnis haben? Und mit Erschrecken kam uns die harte Analyse dieser zukünftigen Erinnerung, wenn sie – was wir ja hoffen – auch aus der Perspektive der Opfer urteilen, »richten«, wird. Und das hoffen wir wirklich, denn wäre dies nicht der Fall, dann wäre die Zukunft, nicht zuletzt auf der Grundlage unserer Gegenwart, endgültig der Barbarei zum Opfer gefallen. Aber nehmen wir einmal an, dass die künftig Gedenkenden diese Hermeneutik von unten einnehmen werden. Wird dann nicht nur das eigene Land oder Europa als Bezugsrahmen des Urteils gewählt, sondern die ganze Erde, dann wird die Erinnerung wohl heißen: Die damals haben in Europa auf Kosten von Millionen von Menschen in anderen Ländern gelebt und haben zu wenig oder gar nichts dagegen getan. Entsetzten wir uns noch kurz vorher über die technisch perfekte Kaltblütigkeit der Mordmaschinerien im Naziregime, so spürten wir nun das Entsetzen nach, das unsere Nachkommen haben werden: Über die kaltblütigen universalkapitalistischen und neoliberalistischen Todesmaschinerien, die ungerührt und unaufhaltsam über die Schicksale von Millionen von Menschen in Hunger und Elend, in grausamen lokalen Kriegen und Ungerechtigkeit und schließlich über den Genozid ganzer Völker hinwegwalzt, von den ökologischen Katastrophen ganz zu schweigen.

Ein in diesem Sinn zum Erschrecken führendes Buch hat neuerdings Carl Amery vorgelegt: Hitler als Vorläufer, Auschwitz – der Beginn des 21. Jahrhunderts.[3] Erste Verdächtigungen diesem Titel gegenüber, dass hier einmal mehr Auschwitz instrumentalisiert werde, verflüchtigen sich ziemlich schnell. Denn der Autor behauptet nicht, dass die Ermordung der Juden das Gleiche sei, was jetzt weltweit der neoliberalistische Freihandel verursacht. Es geht nicht um das Wie des Vergleichs, sondern um die Dimensionierung eines Vorgangs, in dem die Grundideologie von Auschwitz in eine globalisierte Größenordnung hinein weitergetrieben wird. Denn hinter allem steckt die Hitlerformel: »Es reicht nicht für alle.« Aus dieser Perspektive befürchtet Amery, dass Auschwitz eine primitive Vorwegnahme einer möglichen Option des begonnenen Jahrhunderts sein könnte: in sozialdarwinistischen Ideologien, die weltweit für Konsum, Produktion und weltweite Kommunikation nicht benötigtes Leben aussortieren, so sehr, dass die Aussortierten nicht einmal den Wert einer versklavten Arbeitskraft haben.[4]

Wird also das Urteil lauten: Da haben unsere Vorfahren sich über die Vergangenheit entsetzt und merken dabei nicht, dass sie das lokale Grauen der Vergangenheit längst globalisiert haben. Es war unter uns zu spüren: Dieses Entsetzen unserer Nachkommen hat uns zutiefst über uns selbst erschreckt. Ist es vielleicht ein solches Erschrecken, das überhaupt Not tut, und zwar derart, dass es in die Glieder fährt? Ist dies ein vergessener Weg zur Bekehrung, auch und gerade in unseren Gemeinden das Erschrecken zu verbreiten: über uns selbst und über die Gegenwarts- und Zukunftskonsequenzen dessen, was wir passiv und aktiv verursachen? Das künftige Gericht der Nachfahren über uns führte *jetzt* zum Selbstgericht über uns. Wir jedenfalls spürten gegenüber einem »allzu geschmeidigen theologischen Umgang mit der Geschichte« wenigstens in diesem Augenblick den »Ort und Rang des Erschreckens mitten im Logos der Theologie«.[5] Und so lassen wir uns die Frage von Johann Baptist Metz gestellt sein: »Ist unsere Gottesrede noch neugierig auf Gott? Erschrickt sie noch, bangt sie noch, vermisst sie noch? Ist sie noch umgetrieben von der eschatologischen ›Sorge um Gott‹?«[6] Oder wird Gott zum Weichspüler jeder Erlebnis- und Bedürfnisbefriedigung?

Von der Diakonie her gewinnt der Gottesglaube ein um so schärferes Profil: Gott ist nicht irgendein geheimnisvolles Gegenüber und man kann ihm nicht mit irgendeinem Glauben begegnen, sondern er hat sich als einer geoffenbart, der »hinter« dem Recht der Armen und Leidenden steht und sich einmal »vor« diese stellen und die Klage gegen die Täter führen wird (wobei sich die meisten von uns wohl einmal auf der einen und einmal auf der anderen Seite befinden). Es handelt sich also um eine Gottesfurcht, die dadurch entsteht und damit bewirkt, dass die Diakonie im Zentrum des Glaubens selbst stark wird und damit jenen Glauben korrigiert, der sich nicht in die diakonische Tat hinein verausgabt.

Derart war wohl immer die prophetische Verkündigung, indem sie Gottes Entsetzen und Zorn in die Erinnerung der Menschen brachte, nicht selten die Verbindung mit dem Gericht, mit dem Urteil also, das er über sie fällt. Gibt es diese prophetische Verkündigung heute und hierzulande? Oder aber haben wir Gott etwas zu weich und lasch gemacht in Glaube, Verkündigung und Sakramentenkatechese? Mit der Hölle wurde oft auch das Gericht gestrichen. Auch wenn ich zutiefst daran glaube, dass die unendliche Versöhnungsmacht am Ende alle Menschen umfassen wird, die Opfer und die Täter, dann doch niemals um den Preis einer dumpf-himmlischen Gleichma-

cherei. Ein Himmel, der seine Erinnerungen und sein Gedächtnis an diese unsere Welt und unsere Existenz darin verloren hätte, würde noch im Nachhinein die elementare Differenz zwischen Opfern und Tätern mit einer zähen Vergessenssoße verkleistern.
Ein Gericht gibt es und ein Gericht wird es geben.[7] Und wir tun gut daran, davor Furcht zu haben, Gottesfurcht.[8] Denn die Versöhnung wird es nicht billig geben, der Mindestpreis dafür ist, dass die Täter all den Schmerz in der eigenen Existenz als Reueschmerz zu erfahren haben werden, den sie zugefügt haben. Das wird zeitlich begrenzt sein, wie auch das hiesige Leid Gott sei Dank zeitlich begrenzt ist. Aber es wird fürchterlich und mindestens genauso intensiv sein. In der Erschütterung der unendlichen Versöhnungsmacht Gottes werden die Täter und Täterinnen bis auf den Grund ihrer Existenz geöffnet und verwundbar sein für die Reue.[9]
Ihre Taten werden auf sie zurückfallen (vgl. Joel 4,7), indem sie ihnen buchstäblich *leid* tun: im alles anderen als billigen, nämlich abgründigen eigenen Schmerz über die Schmerzen, die sie zugefügt haben. Die Tat fällt auf den Täter zurück, aber in einem anderen Aggregatzustand, nicht destruktiv ihn vernichtend, sondern das Destruktive von der anderen Seite her, nämlich im Horizont der richterlichen Gottesbegegnung mit dem eigenen Leiden ausbrennend: im Horizont der Gerechtigkeit Gottes, die er allen gegönnt hat, die die Sünder aber blockiert und ins Gegenteil verkehrt haben, im Horizont der Liebe Gottes, der den Sündern und Sünderinnen die Möglichkeit eröffnet, diese Reue zu empfinden und mit-leidende »Wiedergutmachung« zu leisten, und im Horizont der Versöhnung Gottes, in dem erst das Unmögliche möglich wird, nämlich diese Versöhnung zwischen Täter und Opfer, die nicht die Gerechtigkeit verletzt, weil die Täter elementar existenziell, durch ihre ganzen schmerzempfindlichen Fasern hindurch (seelisch und leiblich) selbst restlos zum schutzlosen und radikal geöffneten Resonanzboden dessen werden, was sie getan oder versäumt haben.

*3. Identität der Kirche im Horizont der Gnade
(Martyria)*

Nach dieser aktuellen Identitätsbestimmung der Kirche im Horizont der Eschatologie, sei dies nun nochmals in den bizentralen jesuanischen Kontext gebracht, auf den sich kirchliche Sammlung und Sendung beziehen: auf den barmherzigen und gerechten Gott genauso wie auf die entsprechende Menschenbeziehung, also auf Gnade und Gericht, nunmehr allerdings mit dem Schwerpunkt in der Gnadentheologie.
Das »Reich Gottes« beinhaltet im Reden und Handeln Jesu zwei Wirklichkeiten und Beziehungsbereiche: eine ganz bestimmte Gottesbeziehung und eine ganz bestimmte Menschenbeziehung. Erstere bebildert Jesus zum Beispiel mit dem Gleichnis vom barmherzigen Vater, letztere zum Beispiel mit der Geschichte vom barmherzigen Samariter (vgl. Lk 15,11–32 bzw. Lk 10,25–37). Für beide Bereiche gilt die zeitliche Grundstruktur des Satzes: Wenn ich mit dem Finger meiner Hand die Menschen vom Bösen, von Zwangszuständen und Identitätsverfehlungen befreie, dann ist das Reich Gottes zu euch gekommen (vgl. Lk 11,20). Also: Wenn du an einen barmherzigen Gott glauben kannst, dann ist im Bereich der Gottesbeziehung (also der *Martyria*, der Verkündigung und des Glaubens) das Reich Gottes angekommen. Wenn du selbst barmherzig bist, dann ist im Bereich der Menschenbeziehung (also der Diakonia) das Reich Gottes angekommen. Derart kommt das Reich Gottes durch Jesus auf die Welt, derart kommt das Reich Gottes auch durch uns Menschen in unsere Geschichten und in unsere Geschichte, immer begrenzt und nie vollkommen (denn erst der kommende Christus wird es sein, der das Reich Gottes in endgültiger Vollkommenheit bringt), nie sehr flächendeckend, sondern punktuell, an diesem Punkt aber ganzheitlich und sehr deutlich. Dass diese Wirklichkeit, die Jesus als Vorschein des künftigen Gottesreiches gesehen und verkündet hat, möglichst um sich greift im Leben der Menschen, dafür ist die Kirche da. Dies ist ihre Sinnbestimmung durch die Geschichte der Menschen hindurch, nach innen wie nach

außen, und nach außen in der notwendigen Verbindung und Verbündung mit allen Menschen guten Willens. Das Reich Gottes ist also nicht nur eine zukünftige Vision, sondern kann bereits unter uns anfanghaft zur Wirklichkeit werden; es kann aber auch bereits vorfindbare Wirklichkeit sein. Denn die Wirklichkeit des Reiches Gottes ist nicht immer nur etwas, was einzufordern ist, sondern was schon da ist, in vielfältigen Formen der Menschenachtung und Gerechtigkeit: inner- und außerhalb der Kirchen. Und nicht nur im Bereich der diakonischen Menschenbeziehung, sondern auch im Bereich der Gottesbeziehung, wo immer die Sehnsucht nach einer Transzendenz wach ist, die den Menschen gut ist und gut tut, gerade auch darin, dass sie die Menschen unter das Gericht des Guten gegen das Böse stellt. Die Theologie spricht bei solchen nicht erst geleisteten, sondern bereits geschenkten Gegebenheiten des Reiches Gottes in Kirche und auch außerhalb der Kirche von der Gegenwart des Gottesgeistes in der Geschichte, die man nicht übersehen darf, vor allem nicht durch eine vorschnelle Moralisierung des Reiches Gottes, die alles als Leistung der Menschen ausgibt und nicht damit rechnet, dass Gottes Geist schon gegenwärtig ist, und diesen dann auch entsprechend übersieht. Wenn Jesus die Geschichte vom barmherzigen Samariter erzählt, hat dies genau jene Struktur der erzählten Gegebenheit: Da gibt es schon Reich Gottes in dieser Geschichte, noch dazu außerhalb Israels (denn der Samariter ist es, der hilft), wovon die religiösen Spezialisten im eigenen Bereich (der Priester und der Levit) zu lernen haben (gerade auf dem Hintergrund des barmherzigen Gottes, an den sie angeblich glauben und zu dessen Gottesdienst sie unterwegs sind). Im Licht des Reiches Gottes gegenwärtige Wirklichkeit wahrnehmen und unterscheiden und sich selbst dafür einsetzen, dass es zwischen den Menschen Macht gewinne, dies ist die Zielbestimmung jeder christlichen Gemeinde. Insbesondere die Verantwortung der Verantwortlichen (der Hauptamtlichen und des Pfarrgemeinderates) steht im Dienst dieser Sendung. Zuweilen wird dieses Primärmotiv christlicher und kirchlicher Existenz einfachhin vergessen und durch angeblich naheliegendere und handgreiflichere

Sekundärmotive ersetzt (die für sich nicht schlecht sind, die aber dann problematisch werden, wenn sie das Erstmotiv ersetzen, verdunkeln und blockieren). So habe ich nicht selten bei Besinnungstagen für Pfarrgemeinderäte die Erfahrung gemacht, dass hier viel guter Wille da ist, dass auch die christlichen Inhalte irgendwie vorhanden sind, dass sich demgegenüber aber andere scheinbar brisantere Anliegen und Probleme in den Vordergrund drängen (auch bei den Hauptamtlichen selbst), nämlich, was zum Beispiel getan werden muss, damit die Gemeinde mehr Leute anlockt, damit dies und das besser funktioniert usw. Schnell kann es passieren, dass aus der Kirche auf einmal ein Verein wird, für den es gilt, Mitglieder zu werben, damit der »Laden« wieder besser läuft und man diesbezügliche Erfolgserlebnisse hat. So wird auf einmal aus der Seelsorge die Zählsorge. Schnell kann man dabei das primäre Ziel der Kirche aus dem Blick verlieren, das eben nicht darin besteht, Mitglieder zu werben, um sich als Institution aufrecht zu erhalten. Die Kirche hat keinen Selbstzweck, sondern nur den, dass sie Zeichen und Werkzeug für eine Wirklichkeit ist, die über sie hinausgeht und von der her sie sich selber zu beurteilen hat. So braucht es oft erst einige Zeit, und die sollte man sich nehmen, um ein paar Schritte Abstand zu nehmen, um das, wozu die christliche Gemeinde da ist, wieder genauer in den Blick zu nehmen. Vielleicht ergeben sich dann neue Sortierungen, auch Abrüstungen von Aktionen, die, ob sie funktionieren oder nicht, von der christlichen Identität der Gemeinde her nicht notwendig sind oder nicht so notwendig wie anderes, weil sich anderes als notwendiger erweist. Dann ist ein Innehalten bei leidenden Menschen wichtiger als die Besorgung der Liturgie, dann ist umgekehrt die Feier der Gottesbeziehung in Liturgie und Sakramenten und sich darin von Gottes Barmherzigkeit beschenken zu lassen wichtiger als irgendein Aktivismus, der nur die eigene Leistung betreibt und vielleicht vergisst, dass Gott es ist, der uns den Geist zum richtigen Sehen und die Kraft zum richtigen Handeln zu geben vermag. Es gibt in diesem Zusammenhang kein allgemein gültiges Gesetz. Die Gemeinden werden in ihren Situationen selber entdecken, was vom Reich Gottes her wahrzunehmen, zu bestätigen oder neu anzugehen ist. Sie sind Subjekt der Optionsbestimmungen, nämlich von der Identität der Kirche her im Bezug auf die Situation der eigenen Gemeinde die entsprechenden Entscheidungen zu treffen. Wer solche Entscheidungen trifft, merkt sehr schnell, dass man nicht für alles Zeit und Energie hat, sondern dass die entsprechenden Prioritäten zu setzen sind. Die Theologie der Befreiung spricht hier von Optionen und versteht darunter eben jenen Klärungsprozess, in dem die christlichen Inhalte in einer konkreten Situation mit den Freuden und Leiden der Menschen in Verbindung kommen. Die ganze Gemeinde ist Subjekt dieses Klärungs- und Entscheidungsprozesses und darin haben vor allem jene eine besondere Verantwortung, die besondere Verantwortungen übernommen haben: von den hauptamtlichen über die vielen ehrenamtlichen Dienste bis hin zu den unterschiedlichen Gruppierungen und Initiativen. Der Pfarrgemeinderat ist dabei jenes Organ, das mit anderen Verantwortlichen (in bestimmten Kreisen und Gruppen) solche Entscheidungen zusammen mit den Hauptamtlichen diskutiert und auch trifft: sei es zu einem bestimmten Handeln, sei es zu einem bestimmten Nicht-Handeln; sei es zum Reden, sei es zum Schweigen; sei es zum Geben, sei es zum Empfangen. Dabei dürfen die jeweils zweiten Glieder dieser Alternativen nicht unter den Tisch der Überforderung fallen.

Denn: Eine der größten Gefahren der Pfarrgemeinden sowie der ehren- und hauptamtlichen Mitarbeiter und Mitarbeiterinnen besteht in den gegenwärtigen Zeiten schrumpfender finanzieller und personeller Ressourcen darin, sich angesichts dieser Druckverhältnisse selbst noch einmal zusätzlich unter Druck setzen zu lassen, um alles entsprechend am Laufen zu halten. Damit geraten wir in einen höchst gefährlichen Sog der Vergesetzlichung des pastoralen Handelns. Überall schlagen einem solche Fragen entgegen wie: Was *müssen* wir tun, damit? Was *müssen* wir in Angriff nehmen, um das und das zu verhindern? Oder: Wir *müssen* uns den Entscheidungen beugen, die uns von übergeordneter Stelle her verordnet sind: Wir *müssen* Seelsorgeeinheiten errichten, wir *müssen* Teams machen usw. Immer nur dieses »Müssen« – das zerstört auf Dauer, was in der Bibel und in der Theologie Gnade genannt wird. Und auf einmal erfahren sich alle in der Kirche unter Druck gesetzt und unterdrückt, fremdbestimmt und nicht in der Freiheit der Kinder Gottes, in der gegebenen Situation das eigene Charisma und die Charismen der anderen zu entdecken und zur Entfaltung kommen zu lassen. Je gnadenloser dieser Betrieb wird (und von Betrieb kann man dann auch wirklich reden), desto depressiver und unattraktiver werden die kirchlichen Gemeinden, werden auch die kirchlichen Berufe.

Doch was ist Gnade? Was Jesus die Barmherzigkeit Gottes nennt, denkt Paulus unter dem Gegensatz von Gesetz und Gnade genauer nach. Der lebendige Gott ist kein Gesetz im Leben der Menschen, dem letztere durch entsprechende Leistungen zu genügen hätten. Gottes Liebe und Wohlwollen müssen die Menschen nicht durch eigene Leistung erwerben: Seine Liebe ist völlig umsonst, ist allem vorgängig und bedingungslos. Als Sünder und Sünderinnen, noch bevor wir uns verändert haben, sind wir in Gottes Wohlwollen hinein aufgenommen. Gratis ist die Gratia: Umsonst ist die Gnade! Wir müssen nicht erst etwas leisten, auch nicht in der Pastoral, damit wir vor Gott etwas wert sind. Wir sind es von vornherein. Und genau dies bringt uns nicht die Forderung, sondern die Möglichkeit, diese Liebe und Anerkennung, die wir von Gott bekommen, auch entsprechend weiterzusagen und weiterzugeben. Nichts wird von uns verlangt, was uns nicht geschenkt würde. Das Grundproblem kirchlicher und christlicher Existenz liegt aber gerade darin, dass wir uns nicht leicht beschenken lassen, vor allem nicht in dieser so unbedingten Form. Ich habe lange nicht verstanden, warum Jesus Petrus so hart rügt, weil er sich nicht die Füße waschen lässt (nicht etwa, weil er anderen nicht die Füße wäscht). Und er sagt deutlich dazu: Wenn du dir die Füße nicht waschen lässt, hast du keinen Anteil an mir (vgl. Joh 13,1–9). Wenn wir unsere Hände ständig in Betrieb halten, sie nicht zur Ruhe kommen und sich öffnen lassen, können wir auch nichts empfangen. Und am

Ende krallen sich die Hände zur Faust zusammen, die alles gesetzlich beherrschen will. Mehr denn je dürfen wir gerade in der jetzigen Situation lernen, nicht mit uns und anderen gnadenlos umzugehen und uns gegenseitig zuzuschnüren: Denn genau dadurch verlieren wir jede Möglichkeit, jenen Gott zu erfahren, den Jesus barmherzig und den Paulus gnädig nennt. Kirche und Christen verlieren dann jene Verweisidentität auf das Reich Gottes, die die Gottesbeziehung als Raum der Gnade sucht und aufsucht. In harten Zeiten darf man sich gerade nicht verhärten, weil sonst die harten Zeiten noch härter werden.
Es ist nicht ganz »ungefährlich«, die Gnadentheologie kritisch mit unserer Pastoral zu konfrontieren: Wo ist sie gnädig, mit uns und mit den anderen sowohl im hauptamtlichen und nebenamtlichen wie auch im ehrenamtlichen Bereich? In vielen Diözesen sind die Seelsorgeeinheiten bzw. Pfarrverbände eine »beschlossene« Sache. Zunächst hat man den Eindruck, dass hier in Bezug auf die Zukunft endlich etwas getan wird und keine schlechte Lösung der anstehenden Probleme vorliegt. Kooperation im Sinne der besseren Vernetzung der pastoralen Instanzen und Initiativen tut tatsächlich Not: zugunsten einer Gesamtpastoral, in der die Hauptamtlichen und Ehrenamtlichen und überhaupt das ganze Volk der Gläubigen voneinander wissen, in der Gemeinde von den Verbänden und in den Verbänden von den Profilen der jeweiligen Gemeinden; in der Pfarreipastoral von der kategorialen Pastoral und umgekehrt. Dies ist unbedingt notwendig, damit man Menschen, je nach ihren Situationen und Problemen sowie nach ihren Bedürfnissen, von dem eigenen Bereich in einen anderen pastoralen Bereich hinüberweisen kann, wie man umgekehrt zum Empfangsraum derer wird, die aus anderen pastoralen Räumen ankommen. Kann man da etwas dagegen haben? Hört man aber genau auf die Stimmen der Beteiligten und der Betroffenen, dann ist man zutiefst erschrocken über massive Unzufriedenheiten und viele Aggressionen: viele mit dem Tenor, nicht (richtig) gefragt worden zu sein und »von oben« entsprechende Strukturentscheidungen auferlegt bekommen zu haben. Ressentiments und Widerstandsgefühle begegnen zuhauf. Die

Atmosphäre ist stellenweise depressiv. Am konziliantesten sind noch die Reaktionen: Na ja, wenn's sein muss! In allem scheint so etwas durch wie das Gefühl, seiner eigenen Kompetenz, Entscheidung und Wirklichkeit entfremdet zu werden. Die Bistumsleitungen sehen dies anders. Die Beteiligten und Betroffenen seien gefragt und konsultiert worden. Mag sein, dass Wirklichkeit und Projektion schon nicht mehr auseinander zu halten sind. Aber Projektionen sind auch eine Wirklichkeit, die ihrerseits ihre Auswirkungen hat. Jedenfalls spüre ich eine tiefe und breite Kommunikationsstörung zwischen Betroffenen und Entscheidenden, so stark, dass bereits beträchtliche Versöhnungsarbeit angezeigt scheint. Die Zwiespältigkeit der Situation ist von einem teilnehmenden Beobachter gar nicht leicht zu entwirren. Ich habe mittlerweile verlernt zu sagen: »Macht doch das Beste daraus! Die Seelsorgeeinheiten sind als struktureller Druck auch die Chance, die nötigen Aufgaben der Vernetzung und Konzentration der pastoralen Kräfte und der Sozialgestalten der Kirche anzugehen.« Oft genug kommt dann die Entgegnung, dass das alles eher als eine Blockade denn als Chance empfunden würde, als eine Chance dafür nämlich, solche Vernetzungen als eigene Anliegen der Beteiligten wachsen und situations- und personenauthentisch entstehen zu lassen und darin dann die entsprechenden Strukturen zu schaffen.

4. Ortsgemeinden im Horizont situationsgebundener Gemeinschaftsbildung (Koinonia)

Die Problematik wird übergreifend von »ideologischen« Schwierigkeiten verschärft. Bleiben die Pfarrgemeinden die primären sozialen Einheiten kirchlicher Präsenz in der Gesellschaft oder verlagert sich nun das Ganze auf die größeren Bereiche zusammengelegter kleiner Einheiten? Der Begriff der Seelsorge-»Einheit« erscheint aus dieser Perspektive als Euphemismus. Die Zusammenlegung der Einheiten beansprucht für sich selbst den Einheitsbegriff, der eigentlich den überschaubaren kleineren pastoralen Einheiten gehört: als soziale Einheiten, wo Pfarrer und Hauptamtliche sowie der Pfarrgemeinderat für ein lokales und kommunikatives Zentrum stehen und dort in einer relativ übersichtlichen Lebenswelt erfahrbare Gemeinde entstehen lassen und gestalten. Aber auch der »Pfarrverband«-Begriff, wird er diesbezüglich angewandt, lebt über seine Verhältnisse. In den sechziger Jahren verstand man darunter einen Verbund von »intakten« Pfarreien (mit jeweils eigenen Priestern, Pfarrgemeinderäten, weiteren Hauptamtlichen, je nach Größe), die miteinander partiell darin zusammenarbeiteten, worin sie eben zusammenarbeiten wollten, um einer besser möglichen unterschiedlichen Profilierung ihrer selbst willen und damit auch, um den unterschiedlichen situativen Gegebenheiten im Pfarrverband besser gerecht zu werden. Heute aber ist der Pfarrverband ein Zusammenschluss von Pfarreien, die nicht alle in dem oben definierten Sinn »intakt« sind, vor allem deshalb nicht, weil die Pfarrerpräsenz immer mehr ausfällt. Die Befürchtungen der kleinen Einheiten sind verständlich: Wenn letztlich damit gerechnet wird, dass pro Seelsorgeeinheit nur noch ein Priester mit geistlicher Leitungskompetenz verfügbar sein wird, wird primär ämtertheologisch, das heißt vom Priesterbestand bzw. vom Priestermangel her gedacht. Die primäre Seelsorgeeinheit wird dadurch konstituiert, dass ihr ein geistlicher Gemeindeleiter vorsteht, ungeachtet ihrer Größe. Gibt es weniger Priester, müssen eben die pastoralen Einheiten größer werden. Über die ämtertheologische Gewichtung des Problems verlieren die bislang primären kleinen Einheiten ihren Basischarakter für die Kirche, weil sie keinen priesterlichen Gemeindeleiter mehr haben. Die Seelsorgeeinheiten sind dann nicht mehr subsidiär zu der Pfarrei, sondern sichern ihrerseits, die Pfarrei als *subsidiär* zu jener pastoral-sozialen Größe aufzufassen, der der Priester vorzustehen vermag. Nur: Der Priester *vermag* solchen größeren Einheiten gar nicht vorzustehen, sondern letztlich doch nur jener Pfarrei, in der er »stationiert« ist, das heißt in der er im Vis-à-Vis-Kontakt mit den Gläubigen lebt. Alles andere ist Fernbedienung, vor allem im sakramentalen Bereich. Will man schon *ämtertheologisch* vom Priester her denken, dann aber konsequent: nämlich in der notwendigen Verbindung von *überschaubarem* Lebenszusammenhang und Eucharistievorsitz. Dies wäre eine ebenso *gemeinde-* wie ämtertheologisch zu verantwortbare Position.[10] Ansonsten haben wir am Ende Priester, die nicht einmal in ihrer eigenen Gemeinde, wo sie leben, ausreichend im überschaubaren Lebenszusammenhang die geistliche Gemeindeleitung ausüben können, weil sie in allen Pfarreien der Seelsorgeeinheit für die Sakramentenspendung zuständig sind. Was das für die Berufs- und Berufungserfahrung der Priester in Zukunft an mangelndem Lebenskontakt im Sinne ihres Auftrags bedeutet, liegt auf der Hand. Bei solcher Zerrissenheit erscheint der Beruf des Priesters wohl eher abschreckend als attraktiv zu sein bzw. zu werden. Eine diesbezügliche Berufungspastoral muss es dann ziemlich schwer haben.

Man muss auch wirklich die Ängste der noch bestehenden, oft sehr vitalen Pfarrgemeinden ernst nehmen. Empirische Untersuchungen in den Niederlanden haben ergeben, dass sie um so mehr zur Kooperation mit anderen Pfarrgemeinden wie auch mit über sie hinausgehenden Pastoralteams bereit sind, wenn sie keine Angst um ihr eigenes Bestehen haben müssen, wenn ihr struktureller Selbststand also gesichert bleibt. Die Kooperationsfähigkeit schwindet in dem Maß, in dem sie die Befürchtung haben müssen, dass ihnen »etwas genommen wird«.

Es sei hier nur andeutungsweise der weitere gesellschaftliche Kontext dieses Vorgehens bewusst gemacht: In der gesellschaftlichen Umgebung spiegelt dabei die Kirche jenen Prozess wider, in dem die kleinen überschaubaren Lebenszusammenhänge und Sozialgestalten immer mehr versteppen und den (zum Beispiel medialen) Makrostrukturen weichen müssen. Das gesamte Leben der Menschen konzentriert sich zunehmend auf die Mikrostrukturen der Kleinfamilien auf der einen und auf die beruflichen und konsumorientierten Makrostrukturen auf der anderen Seite. Die Kirche liegt, wenn sie die kleinen Einheiten der Pfarreien in größeren Seelsorgeeinheiten »aufgehen« lässt und damit um ihre primäre Dignität bringt, genau in diesem Trend. Setzt die Kirche selbst nicht mehr hinreichend auf ihre kleinen Einheiten (die so klein ohnehin nicht sind), dann tut sie auch nicht sehr viel für die soziale Auf-

forstung in der Gesellschaft von unten und damit nicht allzu viel für die bitter nötige diesbezügliche Humanisierung der Gesellschaft.
Der Begriff der »kleinen Einheiten« ist selbstverständlich relativer Art. Die Pfarrgemeinde eine »kleine Einheit« zu nennen, ist ja bereits ein Euphemismus, aber ein notwendiger. Denn sie sind bislang die einzigen »kleinsten« territorialbezogenen institutionellen Größen, die es gibt. So funktionieren sie geradezu als Platzhalter einer ganz bestimmten Ortsbezogenheit. In dem Kirchenbauboom der sechziger und siebziger Jahre hat man darauf gesetzt: die größeren Muttergemeinden nicht noch größer werden zu lassen, d.h. zu verkleinern und Tochterkirchen zu bauen und als eigene Pfarrgemeinden zu installieren. Dieser Prozess ist schon seit geraumer Zeit in einen scharfen Rückwärtsgang geworfen, aber nicht weil es einen Pfarrgemeindemangel gäbe, sondern weil es einen Priestermangel gibt bzw. fehlende Zulassungsmöglichkeiten für solche, die für den geweihten Dienst berufen sind bzw. de facto dessen Dienste wahrnehmen. So muss sich vieles strukturell verändern, weil sich ein Bestimmtes nicht ändern darf. Diese ekklesiogene Aporie darf auch in den Planungen nicht vergessen werden, sondern ist in ihrer permanenten Unabgegoltenheit kritisch in Erinnerung zu halten.
Wenn ich hier so sehr auf die kleinen Einheiten poche, dann betreibe ich damit nicht eine Verschärfung des Territorialprinzips (wonach die Kirche ihre Sprengel, wie Karl Rahner einmal gesagt hat, in der flächendeckenden Form von Polizeirevieren einteilt), sondern das Prinzip der Ortsgebundenheit kirchlicher und christlicher Existenz. Auch jede Sachgebundenheit braucht die Ortsgebundenheit, sonst ist die insgesamte Situationsbezogenheit des Evangeliums nicht ernst genommen. Gerade die »postmoderne« Pastoral darf sich eben nicht in die kategorialen Formen hinein auflösen, sondern hat sowohl in den kategorialen Bereichen wie auch außerhalb davon Ortsgebundenheiten ernst zu nehmen und mitzugestalten, wie etwa das Krankenhaus in der Krankenhausseelsorge bzw. wie die Wohn- und Lebensraumverortungen der Menschen in

ihren Familien, in ihren Ein-Eltern-Familien, in den verschiedenen Lebensgemeinschaften und bei den Alleinlebenden. Die Wohnbezogenheit ist nicht die ausschließliche Ortsbezogenheit, aber immer noch eine ganz wichtige, die zu den verschiedenen Erlebnismilieus in der Gesellschaft querverläuft, weil die Wohnnähe (zur Kirche und Pfarrgemeinde) die nicht ausschließliche, aber primäre Zuordnung reguliert. Bei aller Mobilität und passageren[11] Notwendigkeit der Pastoral zwischen Pfarrgemeinden und anderen Sozialformen der Kirche darf sie diesen primären Bezug nicht vorschnell aufgeben, gerade um die durchaus auch destruktive Mobilität im eigenen Bereich zu bremsen. Ein nur kurzer Blick in die frühen Gemeinden der Urkirche bestätigt wohl diese Option für die Ortsgebundenheit der Kirche. Denn sie zeichnet eine besondere Ortszentriertheit aus, was allein schon in den Briefadressierungen zum Ausdruck kommt: an die Gemeinde von Korinth, von Ephesus und Rom. Die ersten Sozialgestalten sind die Hauskirchen, die nicht mit einer Familienkirche verwechselt werden dürfen. Denn dort kommt nicht nur die Familie des Hauses zusammen, sondern dort treffen sich (je nach Größe des Hauses) zwischen fünfzig und hundert Christen und Christinnen in einer Stadt. Wird eine bestimmte Anzahl überschritten, dann müssen neue Hauskirchen gegründet werden, so dass sich allmählich eine Stadtkirche aus mehreren solchen Teilkirchen zusammensetzt. Verschiedene Hauskirchen ergeben dann z. B. die Kirche von Korinth. Primär sind dabei die Ursprungseinheiten, in denen alle kirchenkonstituierenden Vollzüge (vor allem die des Herrenmahles) und damit die volle Gegenwart Christi präsent sind. Es gibt Anzeichen, dass Eucharistievorsitz und Vorstand der Hauskirche in der Personalunion einer entsprechenden Autoritätsperson erfolgten. Die territoriale Bereichsgebundenheit einer Hauskirche bzw. einer Stadtkirche (als Gemeinschaft von Hauskirchen in einer Stadt) kann im Kontext der Diasporaexistenz der damaligen Gemeinde(n) in einer heidnischen Majorität niemals als »flächendeckend« missverstanden werden, sondern definiert den lokalen Einzugshorizont, den kulturellen und religiös offenen Raum, aus dem die Christinnen und Christen kommen und in dem sie ihr Leben hauptsächlich zu gestalten haben. Diese frühe Situation der Kirche darf man nicht in einer Hermeneutik des damals noch charismatischen Ursprungs erledigt sein lassen, dem ja längst die Institutionalisierungsgeschichte gefolgt sei. Vielmehr handelt es sich bereits um Kriterien einer ersten Institutionalisierung und Strukturierung, die bleibende Bedeutung für jede weitere Institutionalisierung und Planung haben: nämlich Erweiterungen und Veränderungen nicht auf Kosten der kleinen Einheiten zu vollziehen, sondern in Subsidiarität zu ihnen. Denn die kleinen Einheiten verdanken sich nicht einer von oben delegierten Kirchlichkeit, sondern besitzen letztere in authentischer Weise von Grund auf.[12]

Im gegenwärtigen Aggregatszustand dieses Zusammenhangs geht es dann um die entsprechende Regulierung des Verhältnisses von Pfarrgemeinde und den nächst übergeordneten Einheiten, unbeschadet der Tatsache und Notwendigkeit, dass sich die Pfarrgemeinden selbst nochmals als Schutzraum kleinerer Einheiten zu verstehen haben. Aber über sie hinaus kann es auf keinen Fall noch primäre Sozialgestalten der Kirche geben. Die Pfarrgemeinden sind bereits die größtmöglichen Einheiten, die es gibt, jedenfalls territorial gesehen (nochmals: nicht im Sinne der Flächendeckung, sondern im Sinne pastoraler Bereiche, wie z. B. bestimmter Wohnbereiche).

5. Profile neben- bzw. hauptamtlicher pastoraler Tätigkeit zwischen Liturgie und Pastoral

Was bezüglich der Ämter in der Gemeinde angedeutet wurde, sei nun anhand des für die gesamte Problematik signifikanten bischöflichen Textes »Zum gemeinsamen Dienst berufen« vertieft (es handelt sich um eine Publikation der Deutschen Bischofskonferenz).[13] In ihrem Text beziehen die deutschen Bischöfe[14] die gar nicht so selbstverständliche Position, dass immer die Gemeinde selbst als das Handeln Gottes empfangende Subjekt der gottesdienstlichen Feier anzusehen ist. »Innerhalb dieser örtlichen Versammlung der Kirche haben alle Recht und Auftrag, ihr priesterliches Amt auszuüben« (Nr. 6). Erst auf dem Hintergrund dieser fundamentalen Gleichheit aller in ihrer Christenwürde ist von der Unterschiedenheit der Ämter und Aufgaben, also von der hierarchischen Verfasstheit der Kirche und damit auch der Gemeinde die Rede (vgl. Nr. 7). Damit wird sehr deutlich herausgehoben: Das kirchliche Weiheamt steht nicht im *externen* Gegenüber zur Gemeinde, sondern ist ein integraler Faktor der Gemeinde selbst, dessen Spezifikum darin besteht, in ihr jenen Dienst zu übernehmen, »dass die gottesdienstliche Versammlung nicht aus sich selbst, sondern auf Grund der Verheißung und Wirksamkeit des erhöhten Herrn zustande kommt« (Nr. 8). *In* der Gemeinde stehen sich also dieser besondere Dienst und die anderen Gläubigen bzw. die anderen Dienste gegenüber. Auch wenn später davon die Rede ist, dass die Priester in den liturgischen Feiern, besonders der Eucharistiefeier, der jeweiligen Gemeinde vorstehen (vgl. Nr. 10), darf dieser Aspekt in der Lektüre nicht vergessen werden, der seinerseits akkurat die Volk-Gottes-Theologie und die Ämter-Theologie des Zweiten Vatikanums aufnimmt, in denen das Weiheamt *im* Volk Gottes diesem insofern gegenübersteht, als es andauernd jene Kommunikationen sichert und provoziert, auf die Glaube und Kirche immer angewiesen sind, nämlich auf die Begegnung mit Jesus Christus. Der ordinierte Dienst steht in der spezifischen Verantwortung eben dieses Dienstes, dass in der Gemeinde das lebendige Gegenüber zu Jesus Christus niemals verflacht oder in Vergessenheit gerät: sowohl zu jenem Christus, wie er in den Evangelien und überhaupt im Neuen Testament begegnet, als auch zu jenem Christus, der jetzt den Menschen nahe ist, als auch zu jenem Christus, der am Ende der Zeiten als Richter und Versöhner kommen wird. Selbstverständlich repräsentieren auch alle Gläubigen in ihrem allgemeinen Priestertum dieses Gegenüber zu sich und den anderen, in ihren Glaubenserfahrungen und in ihren Christusbegegnungen, doch ist es das Spezifikum der katholischen Ekklesiologie, dass sie nochmals in der Gesamtstruktur der Kirche auf ein eigenes Weiheamt setzt, das dieses Gegenüber Christi zu uns Menschen institutionell und strukturell wie auch durch die Geschichte hindurch darstellt und garantiert. Was gleichzeitig bedeutet, dass das Weiheamt missbraucht wird und zum Schaden der Kirche ausartet, wenn die Amtsträger nicht Christus, sondern sich selbst, ihre eigene Machtbefugnis und ihren Selbstruhm in den Mittelpunkt stellen.[15]

Der bischöflichen Anmerkung ist ohne Abstriche zuzustimmen: »In dieser wichtigen Sache darf die pastorale Notlage nicht zu übereilten und theologisch nicht durchdachten Praktiken führen.« (Nr. 3) Doch ist diese Schlüsselbemerkung des gesamten Textes eben nicht nur auf die Gestaltung und differenzierte Rollenverantwortung in den Gemeindegottesdiensten zu beziehen, sondern sie ist auch runterzubuchstabieren auf die sozialen Veränderungen in Gemeinden und Seelsorgeeinheiten. Denn die Frage nach dem Verhältnis von priesterlichen und nichtpriesterlichen Ämtern und Verantwortungen, sowie das Anliegen, dass dabei die pastorale Notlage nicht zu übereilten und theologisch nicht genügend durchdachten, also im Sinne katholischer Identität partiell »häretischen« Praktiken[16] führen darf, gelten nicht nur auf der liturgischen, sondern eben auch auf dieser sozialen Ebene: So darf beispielsweise die pastorale Notlage nicht dazu führen, die überschaubaren Gemeinden über die Errichtung von überregionalen Seelsorgeeinheiten ihrer primären Bedeutung für die Konstituierung von Gemeinde zu berauben.

Demnach ist es eine theologisch nicht genügend durchdachte Praktik, das Weiheamt so von überschaubaren Gemeinden zu entfremden, dass es nur noch über große Pfarrverbände und Seelsorgeeinheiten tätig wird, in denen die Priester dann doch dazu verurteilt sind, ihr Weiheamt und die anderen Sakramente weitgehend abgelöst vom entsprechenden Lebenszusammenhang zu realisieren bzw. zu spenden. So ist es also nicht nur eine theologisch nicht genügend durchdachte Praktik, wenn Laien spezifische Gottesdienstaufgaben der Priester übernehmen, sondern es ist auch vorher schon nicht eine genügend theologisch durchdachte Praktik, wenn Priester strukturell zu einer Sakramentenpraxis gezwungen werden, in der sie entweder gar nicht am Sonntag präsent sein können oder nur in der Gemeinde, wo sie sesshaft sind, nicht aber in den Gemeinden darüber hinaus die Eucharistiefeier im *Konvivium* mit den betreffenden Gemeinden feiern können, aber dennoch dafür zuständig sind. Denn mit so vielen Gemeinden können sie gar nicht zusammenleben, denen sie weiheamtsmäßig vorzustehen haben. Von den Planungsanforderungen ganz zu schweigen: wo in welchen Gemeinden wann Wortgottesdienste, Wortgottesdienste mit Kommunionausteilungen oder Eucharistiefeiern stattfinden (und wo an diesem oder jenem Sonntag nicht!). Merkwürdig ist, wie der besondere Stellenwert der *Diakone* sowohl zu den Priestern wie auch zu den Laien abgegrenzt wird (vgl. Nr. 11). Einerseits haben die Diakone durch die sakramentale Weihe Anteil an Amt und Sendung des Bischofs. Andererseits werden sie »zur Dienstleistung, nicht zum Priestertum geweiht«. Wohltuend ist hier die unmissverständliche Klärung, dass die Diakone von ihrer ursprünglichen Ebene her gedacht sind und ihren spezifischen Dienst in der Diakonie, eben im sozialen Dienst am Menschen haben (vgl. auch Nr. 12).

Als Geweihte gehören sie indes auch zum Weiheamt und nehmen darin die sogenannte niedrigste Stufe ein. Deshalb sollte vorzüglich der Diakon Gottesdienste, die der besonderen Beauftragung bedürfen, übernehmen, so dass sich diesbezüglich folgende Reihenfolge ergibt: Diakon, ehrenamtliche Laien, hauptamtliche Laien. Hier erscheint der Diakon mehr auf der Seite der Laien denn auf der Seite der geweihten Amtsträger. Letzteren kommt er lediglich, im Unterschied zu den Laien, dadurch nahe, dass er zum Beispiel den eucharistischen Segen erteilen darf, dass er vor den Laien die besondere Beauftragung erhalten sollte, aber zurückstehen muss, wenn ein Priester da ist (analog zur Trauung, vgl. Nr. 16). Die eigentliche Kernfrage bleibt: Wenn im Weiheamt dem »extra nos« in der Kirche eine eigene sakramentale und strukturelle Dimension verliehen wird, dann ist nicht gut einzusehen, warum der Diakon nicht auch einen besonderen Anteil an diesem »extra nos« haben sollte (wenn dieses »nicht aus uns selbst«, vgl. Nr. 8, als Spezifikum des Weiheamtes aufzufassen ist). Oder gehört der Diakon vielleicht doch nicht zum Ordo? Dann

allerdings gäbe es massive Probleme mit der traditionellen Ämtertheologie. Irgendwie hat der Diakon eine eigene Rolle, aber was für eine? Müsste man nicht in die Richtung denken, dass er das spezifische »extra nos« der Diakonie darzustellen und zu betreiben hat? Dergestalt, dass er das prinzipielle Gegenüber des nach Mt 25, 31–45 in den Leidenden begegnenden Christus repräsentiert, anmahnt und realisiert?[17] Und wie brächte der Diakon dann diese spezifische In-Persona-Christi-Aufgabe in das liturgische Geschehen ein? Manches bleibt hier ungeklärt und unbefriedigend. Jedenfalls scheint man daran interessiert zu sein, die Ordo-Bedeutung des Diakons möglichst rezessiv zu behandeln. Warum? Ist dies vielleicht schon eine Vorbereitung auf den Diakonat der Frau, der auf dieser Linie allerdings ganz aus dem Ordo herausfällt und gleichsam als »niedere Weihe« behandelt wird?[18]
Den Bischöfen liegt sehr daran, die sakramententheologisch entscheidende Differenz zwischen Eucharistie und sonntäglichem Gemeindegottesdienst ohne Priester zu begründen und einzuschärfen. Obwohl diese Differenz eigentlich klar sein sollte, scheint es in der Tat dennoch notwendig, den Unterschied erneut auch in der Erlebnisform unmissverständlich deutlich werden zu lassen. Der Anlass ist aktuell: Im Kirchenvolk kann sich sehr schnell die Unterscheidung verwischen, weil die eigentliche Messe immer seltener wird, die Gottesdienste mit Kommunionfeier als Semi-Messe erfahren werden, auch und gerade bei den regelmäßigen Kirchgängern und Kirchgängerinnen, die damit das *Gefühl* haben dürfen, das Sonntagsgebot erfüllt zu haben.[19] An solchen Verwechslungen können die Bischöfe auf keinen Fall interessiert sein. Aber dann müsste man den ohnehin im Text spürbaren Trend, lieber Wortgottesdienste als Wortgottesdienste mit Kommunionfeiern zu feiern, gleich konsequent durchziehen. Doch wäre dies irgendwie nicht im Einklang mit der Tradition der katholischen Kirche, die immer die sonntägliche Messfeier sehr hochgehalten hat (bis in die Sanktionen des Sonntagsgebotes hinein).[20] Jetzt nur noch Wortgottesdienste am Sonntag zu halten, wäre ein atmosphärischer Verlust katholischer Identität. Die Kommunionfeier vermit-

telt zumindest ein Rudiment dieser katholischen Erfahrung und sollte nicht (bei aller Differenzierungsnotwendigkeit) restriktiv behandelt werden. Die bestehenden personellen und strukturellen Verhältnisse erzwingen diese eigenartige Dialektik zwischen theologisch konsequenten Lösungen und identitätsrettenden Kompromissen. Zwar erfreut die besondere Wertschätzung des Wortgottesdienstes (ohne Kommunionfeier, vgl. Nr. 31 und Nr. 37), aber sie beruhigt nicht wirklich. Auch bei den Tätigkeiten in der Seelsorge am Krankenbett haben wir leider nochmals den »theologisch nicht genügend durchdachten« (vgl. Nr. 3) Zusammenhang, dass Priester das Sakrament der Krankensalbung erteilen, wo andere den Begegnungszusammenhang aufgebaut haben, und dass diese anderen zwar den Begegnungskontext haben, aber dann doch diesbezüglich einen von außen kommenden Priester holen müssen. Wichtig ist allerdings in diesem Zusammenhang, dass, wenn kein Priester die Beichte in der Sterbestunde abnehmen kann, die Laien dazu ermutigt werden, dem sterbenden Menschen zu helfen, »seine Sünden zu bereuen und um Vergebung zu bitten« (Nr. 46). Angesichts der schwierigen pastoralen Situation gilt es tatsächlich, dieses Bußgeschehen in deprekativer Form nicht nur anzuregen, sondern auszubauen, auch mit Hilfe weiterer kirchlicher Textvorlagen.

Auch am Krankenbett fallen nichtsdestoweniger Lebensvollzug und *Sakrament* auseinander: Dass der bischöfliche Text diese Problematik so gar nicht anspricht und nicht wenigstens Solidarität und Mitgefühl zeigt, wenn schon keine strukturellen Veränderungen möglich sind, ist bedauerlich. Der Text befindet sich derart, ohne es sich einzugestehen, in der permanenten Spannung zwischen der für die Identität der katholischen Kirche durchaus notwendigen Aufrechterhaltung des Weiheamtes auf der einen Seite und der faktischen Unmöglichkeit auf der anderen Seite, es im Horizont der ebenso praktisch wie auch dogmatisch zu postulierenden Verbindung von Sakrament und Lebensvollzug zu gewährleisten. Weil dies aber nicht analytisch genau genug gesehen oder eingestanden wird, schimmert andauernd die Fiktion durch, als könne der

Priester doch noch für all das *ganzheitlich* zuständig sein, was seine Identität ausmacht. Doch gelingt dies weitgehend nur auf der reinen Zeichenebene (in der Sakramentenspendung), nicht aber in der lebens- und kommunikationsbezogenen Verwurzelung des Zeichens im sozialen Umgang des Priesters mit denen, für die er derartig da sein will. Nicht nur die Rolle der Laien ist hier schwierig, fast noch mehr die Rolle der Priester. Spricht sich dieses priesterliche Dilemma herum, in immer größeren Einheiten für alles Sakramentale *zuständig* zu sein und doch nicht sozial integriert genug *beiständig* sein zu können, dann wird die Attraktivität dieses Berufes, dieser elementaren kirchlichen Berufung, bald ganz verschwunden sein. Gleichzeitig mit dem Priestermangel besteht dann aber auch die Gefahr, dass ein »Gemeindemangel« mit einhergeht, eben weil die geistliche Leitung bezüglich kleinerer Einheiten (Pfarrgemeinden) immer mehr den diesbezüglich drei- bis vier- bis fünffach zusammengelegten Groß-»Einheiten« weichen muss, worin sich dann auch auf Dauer die kleinen Einheiten auflösen können.[21]

Im Anhang (vgl. Nr. 67) gehen die Bischöfe auf die Benennung der mit der Leitung von Gottesdiensten beauftragten Laien ein. Gegenüber der Terminologie der Gottesdienstleiter bzw. -leiterin werden Reserven vorgebracht. Die Bischöfe bringen u. a. die Begründung: »Es besteht zudem die Gefahr, dass durch diese Bezeichnung das Miteinander der Laiendienste bei den liturgischen Feiern verdunkelt wird.« Und sie berufen sich auf ihren vormaligen Text zur geistlichen Leitung in den katholischen Jugendverbänden, in denen sie den Titel Leiter/in vermieden haben, stattdessen die Bezeichnung »geistlicher Assistent« oder »geistliche Begleiterin« nennen.[22] Denn die Laien haben keine ihnen eigene Leitungsaufgabe wahrzunehmen, sondern sie handeln in Vertretung des nicht anwesenden Priesters (vgl. Nr. 47, Anm. 113).[23]

Die bischöflichen Leitlinien bezüglich der geistlichen Begleiter und Begleiterinnen in Jugendverbänden hatten mit einer wirklichkeitsorientierten Beweglichkeit auf die Lösung dieses Problems reagiert, wobei allerdings anzumerken ist, dass dies gerade ämtertheologisch nur eine

»Notlösung« darstellt, weil eine solche Regelung geeignet ist, unverhältnismäßig weite Bereiche eines Verbandes im Zusammenhang mit der Verantwortung für die geistliche Leitung von der Eucharistiefeier abzukoppeln. Die Leitlinien ahnten das Problem bereits, indem sie die neuen geistlichen Begleiter und Begleiterinnen ausdrücklich zur Zusammenarbeit mit den Priestern aufrufen, damit, so ist dort zu lesen, insbesondere die Eucharistie und andere sakramentale Glaubensvollzüge im verbandlichen Leben ihren Platz behielten. Die Schwierigkeit ist nur, dass mit schrumpfender Zahl der Priester im Amt der geistlichen Leitung eines Verbandes eine solche Kooperation höchst begrenzt ist, es sei denn, und damit sind wir wieder bei der bereits angesprochenen Problematik, dass die übrigbleibenden Priester flächendeckend kategorial zuständig werden für die Sakramente und sich selbst gleichzeitig von überschaubaren Lebenszusammenhängen im Verband ablösen. Mit der Regelung darf eine solche Praxis nicht zementiert werden. Sie ist eher als eine hoffentlich zeitbegrenzte Überbrückung der gegebenen Situation anzusehen. Die weitergehende ämtertheologische Option hinsichtlich der Reintegration von geistlicher Gemeindeleitung und der Feier der Eucharistie in *überschaubaren* sozialen Bereichen muss aufrecht erhalten werden. So gibt es im Moment eine jeweils praktische und theologische Aporie: eine praktische, weil die konsequenten ämtertheologischen Identifikationen der Dienste nicht vollzogen werden, und eine theologische Aporie, weil der Ämtertheologie die Praxis der Ämterrollen davonläuft, die dann nur durch erheblichen Kontrollaufwand zu einigermaßen bis knapp erträglichen, vorübergehend aber notwendigen Kompromissen (z. B. zwischen katholischer Sakramententheologie und gelebter Praxis) geführt werden können. Wann wird der erste Schritt aus dieser aporetischen Situation heraus getan? Ein erster Schritt wäre eine gesamtkirchliche oder ortskirchlich anheim gestellte Zulassung von »viri probati« zum Priesteramt: ein erster Schritt nur, aber ein wichtiges und hoffnungsvolles Signal, dass sich diesbezüglich etwas bewegt!
Damit ist nun das Dilemma umrissen, das nicht zuletzt ein

hausgemachtes der Kirche selber ist. Aber lassen wir die Frage nach den Zulassungsbedingungen zum Weiheamt, für deren Lockerung im Moment wenig Aussicht besteht. Also bleibt das Dilemma: Wir müssen uns darin einrichten, wenigstens für einige Zeit. Damit sind wir zum Ausgangspunkt des Circulus vitiosus zurückgekehrt: Es gibt letztlich keine Alternative zur kooperativen Pastoral in neuen Seelsorgeeinheiten, auch wenn dabei die katholische Gemeinde-, Sakramenten- und Ämtertheologie de facto hintertrieben und unterminiert wird (insbesondere im Sinne des Zusammenhangs von Sakrament und Lebensvollzugs, hier von Eucharistievorsitz und Gemeindeleitung[24] in einem begegnungsfähigen Sozialraum). Die entsprechenden theologischen und praktischen Optionen sind wach zu halten. Endgültig einrichten dürfen wir uns nicht: Das Ganze muss als vorübergehende Notlösung im Bewusstsein bleiben, damit Druck und Bereitschaft auf Veränderung hin bleiben. So möchte ich die Beteiligten und Betroffenen dazu ermutigen, in konstruktiver Weise auf die Planungen zuzugehen und einzugehen, noch möglichst viel an eigenen Vorstellungen darin unterzubringen und auf den »krummen Zeilen« der strukturellen Vorgaben einigermaßen gerade zu schreiben. Vor allem geht es darum, dass die Betroffenen darauf bestehen, dass damit nicht noch mehr Arbeit auf sie zukommt, sondern dass die Kooperation entlastet, dass man von manchem abrüstet, um weniger und dies profilierter bzw. um das Notwendigere tun zu können. Die Beteiligten sollten aber auch nicht sich selbst in diese Sackgasse hineinmanövrieren, als würde jetzt von oben das Doppelte verlangt. Manchmal scheint es mir, dass es zuweilen auch eine gewisse Genugtuung bereitet, möglichst oft danach zu fragen, was man denn nun tun müsse, um ja keinen Verdacht aufkommen zu lassen, dass man vielleicht doch auch noch einige Freiheit hat, selbst nachzudenken und zu gestalten. Vor allem gilt es, »Luft« in die Planungen hineinzupumpen, damit die Beteiligten Luft holen können, damit sie sich Zeit lassen können zu einem theologischen Diskurs, vielleicht auch zu einer dynamischen Vision, die jetzt das Notwendige tut, aber in die Zukunft hinein anderes betreibt. Von den Ordinariaten her ist der Planungsgriff zu lockern, vielleicht ein paar Schritte wieder zurückzutreten und anzuschauen, was man im guten wie im schlechten Sinne des Wortes angerichtet hat, damit Neues gesehen und das Alte neu gesehen wird. Dann wird das Gesetzliche durchbrochen und Momente der Gnade kommen zum Vorschein, etwa darin, dass man das Vorhandene an Charismen und Möglichkeiten wahrnimmt, die Ressourcen, die längst da sind und in die entsprechende Neugestaltung hinüberzuretten sind. Dann ist es vielleicht möglich, dass die Beteiligten und Betroffenen eigenständig und modifizierend ratifizieren können, was an Kooperation und Neustrukturierung ansteht. Dann wird es von allen Beteiligten auch nicht als Katastrophe erlebt, wenn es Pfarreien (mit ihren Pfarrgemeinderäten und Hauptamtlichen) gibt, die aus gemeinde- und durchaus auch aus ämtertheologischen Gründen nicht mitmachen wollen oder aus personalen Gründen nicht mitmachen können. Eine solche Lockerung würde dem Ganzen zugute kommen. Dann müssten sich z. B. nicht Priester zu dem Widerstand gezwungen sehen, vorzeitig bestimmte Verantwortungen aufzugeben bzw. ihre Versetzung in den Ruhestand einzureichen, obgleich sie noch etliche Jahre in der Pastoral tätig sein könnten und auch wollten.

Man darf demgegenüber aber auch die Verantwortlichen in den Bistumsleitungen verstehen wollen: die ja handeln und planen müssen, und zwar mit den realen Gegebenheiten und Problemen, die anders, so scheint es, im Moment nicht zu »bewältigen« sind. Andernfalls müssten sie sich den Vorwurf gefallen lassen, dass sie für die Zukunft nichts tun. Wenn man so die Beschleunigung zurücknimmt, ohne das Projekt aufzugeben, dann schafft dies Platz für ein Stück Gnadenerfahrung, für die Wahr-Nehmung ihrer Gegebenheiten »von unten« und für das Machbare mit den Menschen, die eben da sind und dafür bereit sind, und nicht zuletzt für konzeptionelle theologische Überlegungen, auch dahingehend, dass man mit dem vorläufigen Eingehen auf die Strukturveränderungen diese nicht dauerhaft stabilisiert, sondern permanent die gemeinde- und ämtertheologischen Aporien offen hält. Vor allem dem Pfarrgemeinderat kommt dabei die Verantwortung zu, die Identität der kleinen Einheiten, also im Moment noch der Pfarreien, zu wahren und ihre kommunikative Ausprägung zu sichern.

6. Passagenfähige Gemeindepastoral (nochmals: Koinonia)

Wenn das Subjekt und nicht mehr ein zusammenhängendes soziales Milieu letzter und erster Bezugsort der Pastoral ist, und wenn dies auch längst im Bereich der Aneignung von Religionen realisiert wird, dann verschärft sich die Forderung nach einer angemessenen strukturellen Antwort, nämlich nach einer kirchlichen Gesamtpastoral. Dahinter steht schon innerkirchlich die Erfahrung, dass es viele unterschiedliche Orte, Initiativen, Gruppierungen und Teilvollzüge der Pastoral gibt, die viel zu wenig voneinander wissen und sich zu wenig aufeinander beziehen. So unterstütze ich gerade in dem hier besprochenen Zusammenhang die Forderung nach einer Gesamtpastoral, in der die Pfarrgemeinde zwar weiterhin die zentrale Basis kirchlicher Anbindung bleibt, in der sie aber auch lernt, über sich hinauszuweisen auf andere, für Einzelne und Gruppen in bestimmten Perioden und Situationen angemessenere Sozialformen der Kirche bzw. der Kirchen.

Mit diesem Vorschlag nehme ich eine These auf, die R. Bucher vorgelegt hat und sehe darin die entscheidende *institutionelle* Antwort auf die beschriebene religiöse Situation. Buchers These lautet: »Wenn nun die Konkretion des Christlichen, die schwierige Arbeit von Erinnerung und Kreativität heute unvertretbar vom Einzelnen geleistet werden muß, aber von ihm allein nicht geleistet werden kann... dann ergibt sich beinahe zwangsläufig, dass an die Stelle der exklusiven religiösen Sozialisations- und Erfahrungsagentur ›Gemeinde‹ das flexible Netzwerk pluraler kirchlicher Erfahrungsorte in ihrer wechselseitigen Relativierung, Bereicherung, Kritik und Ergänzung treten muß.«[25] Und er plädiert dafür: »Die Passagen, die Verknüpfungen, die Unterschiede zwischen pastoralen Orten gelte es massiv auszubauen, begehbarer und attraktiver zu machen... Dann bekäme jeder religiöse Interessent, jede religiöse Interessentin... die Chance, an jenen kirchlichen Ort zu gelangen, der seiner gegenwärtigen Religiosität entspricht.«[26] Bucher spricht additiv von den verschiedenen unvernetzten Sozialräumen der Kirche (etwa Hochschulgemeinde, Jugendgruppe, katholischer Kindergarten, KAB) und pocht mit Recht auf den Ausbau der Passagen zwischen ihnen. Wenn sich aber die Passagen nicht selbst herstellen, sondern in den Institutionen und zwischen ihnen zu verantworten und zu gestalten sind, dann stellt sich die Frage ihrer diesbezüglichen Hierarchisierung. Welche Instanz ist mehr geeignet als die andere? Welche hat mehr strukturelle Möglichkeiten als die andere für das Angebot und die Sicherung möglichst zahlreicher Passagen?

Hier ist der Pfarrgemeinde – jedenfalls in weiten Bereichen Mitteleuropas – noch einiges zuzutrauen. Man darf ihren Integrations- und Vernetzungseffekt nicht unterschätzen, vor allem aber auch nicht ihre strukturellen Möglichkeiten, ihre jetzt schon bestehenden faktischen wie auch ihre diesbezüglich auszubauenden potentiellen Ressourcen. Die Territorialgemeinde ist immer noch jener soziale Raum, der insbesondere auch in seiner Sakramentenpastoral die Initiation, die Anfangszugänge zur kirchlichen Glaubens- und Lebenswelt gestaltet, nicht nur für Kinder, sondern zunehmend auch für Erwachsene. Die dabei entstandenen Strukturen von der Pfarrverwaltung bis zum Wohnviertelapostolat derer, die (nicht nur) das Pfarrblatt austragen, wären phantastische institutionelle Ressourcen für die Passagenvermittlung. Zuweilen geschieht dies längst: »Wir haben da eine Gruppe, da könntest du dazupassen!« So gesehen könnte sich die Pfarrgemeinde – insbesondere im gesteigerten Bewusstsein ihrer Verantwortung für die Gesamtpastoral – geradezu als Verbindungsinstanz, als primäre Vernetzungszentrale begreifen.

Neue Verbundenheit und damit Verbindlichkeit mit der Kirche geschehen künftig wohl vor allem durch frei wechselnde Verbindungen im Sozialraum Kirche *und darüber hinaus*: denn einmal haben bereits viele kirchliche Gruppierungen ganz bestimmte Außenkontakte zu ihrem kirchlichen Ziel erhoben (wie etwa die Verbindung eines sozialen Arbeitskreises mit den Flüchtlingen im Lokalbereich), zum anderen gilt diese Passagenverantwortung auch für die Vermittlung zu außerkirchlichen Initiativen, z.B. Selbsthilfegruppen, Meditationskursen, zu anderen sozialen Schichten usw. Dadurch kann dieses Projekt einer Gesamtpastoral nicht als Neuauflage der binnenkirchlichen Milieustrategie (diesmal nicht zentralistisch, sondern plural) missverstanden werden, sondern vielmehr beinhaltet dieser Begriff das Pastoralverständnis des II. Vatikanums, insbesondere der Pastoralkonstitution, in dem die gesamte Erfahrungs- und Handlungsweite der Kirche nach innen *und nach außen* (im Sinne ihrer beidseitigen Reich-Gottes-Verantwortung) aufgenommen ist. Noch ein anderer Aspekt hebt den zentralen Charakter der Pfarrgemeinde für die Gesamtpastoral heraus: viele der anderen kirchlichen Sozialgestalten (Vereine, Verbände) und kategorialen Vollzüge (z.B. im Krankenhaus) sind oft eher Adressaten der Passagenwege als ihre Auslöser (wenngleich allerdings auch die Passagen von der kategorialen Seelsorge zu den Pfarrgemeinden auszubauen sind: insofern erstere zu »senden« wissen, und letzte empfangsbereit sind). Die kategorialen Bereiche sind bereits auf ganz bestimmte Zielgruppen, Inhalte oder Aufgaben bezogen.[27] Die Pfarrgemeinde ist diesbezüglich weniger festgelegt, weil das Territorialprinzip zunächst solche Sortierungen nicht zulässt, denn hier finden sich Menschen unterschiedlichen Alters, verschiedener Lebenssituationen und Interessen zusammen, die nur eines verbindet: der lokale Raum. Das ist irgendwann zu wenig, aber trotzdem genug, um überhaupt das Zuwenig wahrzunehmen und für das »Mehr« anderer Erlebnisräume zu öffnen. Dies erfordert so manches Abrüsten davon, als Pfarrgemeinde für die »Sammlung« aller allzuständig zu sein. Dies erfordert ihre Selbstrelativierung, dass sie z.B. auch riskiert, Menschen »abzugeben« (z.B. an die ehrenamtliche Mitarbeit in einer sozialen Initiative) und dadurch für den eigenen Raum zu »verlieren«. Oder jemand will im theologischen Bereich dazulernen: die Gemeinde verweist ihn oder sie auf den theologischen Fernkurs und riskiert dabei, dass diese Person nicht mehr für alles Mögliche in der Pfarrei bean-

sprucht werden kann. Das wäre die künftige Pastoral: ereignisnah, klein-beweglich und groß-vernetzt, wenig zentralistisch und doch dachgeschützt, niederschwellig und anspruchsvoll: für Menschen mit loser Beziehung (auf Zeit), für Menschen mit dichter und dauerhafter Anbindung.
Vernetzung geschieht immer durch »Sendung«: von der Firmgruppe zum Jugendverband, vom Eheseminar hin zu einem Ökumenischen Familienkreis konfessionsverbindender Paare, von der katholischen zur evangelischen Nachbargemeinde (weil es dort genau die Musikgruppe gibt, die jemand sucht), von einer Gemeinde mit »normalen« Gottesdiensten zu einer Nachbargemeinde mit lateinischem Hochamt. Voraussetzung dafür ist eine Vorvernetzung (durchaus mit Hilfe der neuen Computermöglichkeiten), motiviert durch ein gesteigertes Voneinanderwissen-wollen, eine Neugierde aufeinander, auch durch die Bereitschaft, Flüchtiges für solche (auch Kirchenferne) in den Blick zu nehmen, die wieder gehen wollen: denn Gott selbst sucht das Flüchtige (vgl. Koh 3,14). In Gottes Augen ist nichts vergeblich, ist letztlich auch das Dauerhafte ziemlich flüchtig.[28]
Die Pfarrei als Relaisstation, als Informationsbörse »online« für Menschen, die auf der Suche nach religiösen Erfahrungen und Vertiefungen sind: wäre das nicht auch eine Entlastung für die Pfarreien, weil sie mit dieser Perspektive nicht mehr von vorneherein alles auf sich beziehen müssen. Dann wäre die Pfarrei, wie Bucher sie als »immer noch höchst wichtigen pastoralen Ort« qualifiziert: eine »Transferstation zu anderen pastoralen Orten und für andere pastorale Orte...«.[29] Sie wären hauptverantwortlich für die »Verknüpfungen religiöser Biographien«, oft nur temporär gültig (in Lebensphasen) und offen für neue Vermittlungen. Selbstverständlich kommen damit auch an die Verbände und anderen Initiativen ähnliche Ansprüche zu. Sie sind nicht kohortenmäßig zu gestalten, sondern mit offenen Rändern und selbst informiert und vermittlungsfähig auf andere kirchliche und nichtkirchliche Räume zu.
Die Sensibilität, die Bucher diesbezüglich von den Haupt-

amtlichen fordert, die er im Anschluss an einen Begriff von Max Weber als »religiöse Virtuosen« tätig sehen möchte, wäre dabei nicht nur auf die Hauptamtlichen zu beschränken. Subjekt dieser passagenvirtuosen, passagenfähigen Pastoral ist vielmehr die Gesamtgemeinde bzw. der Gesamtverband. Nur in gegenseitiger Wahrnehmung kann gespürt werden, wann es einer Person im eigenen Bereich nicht mehr behagt, wann sie neue Horizonte bräuchte und wie die Übergänge sanktionsfrei zu gestalten seien. Alle Beteiligten lernen dabei, andere nicht an sich selber zu binden, sondern wieder loszulassen.

Das wäre Kirche auf dem Weg zur Communio der Communionen. Über die Passagenvermittlung der Gläubigen gewinnt sie auch selbst ein neues Integrationsbewusstsein ihrer vielen Konkretionsräume nach innen und nach außen, ohne die Pluralität derselben antasten zu müssen. Denn ohne diese wären die Passagen sinnlos.

Für diese Gesamtpastoral spricht, das wurde schon deutlich, nicht nur ein innerkirchliches Anliegen, sondern auch das Anliegen der kirchlichen Solidarisierungsfähigkeit in der Gesellschaft. Genau diesen Zusammenhang bestätigen auch P. M. Zulehners Solidaritätsstudien in Österreich. Ein überraschend deutliches Ergebnis ist: nur vernetzte Religiosität ist eine diakoniefähige Religiosität. Wo religiöse Netzwerke (kirchlich, zwischenkirchlich und auch nebenkirchlich) vorhanden sind, hat belastbare Solidarität überdurchschnittliche Werte. Zusätzlich gilt, dass Religion vor allem dann Fernsolidarität (über die Nahsolidarität hinaus) fördert, wenn sie im Umkreis *unautoritärer* Freiheit erlebt wird.[30] Mehr kann man nicht empirisch belegt haben, dass vernetzte (also intersubjektiv erlebbare) und freiheitsatmende (individuell erfahrbare) Religiosität den Humus für die für unsere Gesellschaft, für das Überleben der Demokratie und des ganzen Globus so entscheidende Nah- *und* Fernsolidarität bildet. Deswegen ist es nicht nur ein Dienst am Konkretionsprojekt Kirche, sondern auch an der Humanisierung der Gesellschaft und der globalen Verhältnisse, wenn Theologie und Pastoral über die Konzentration auf die Diakonie hinaus in bi-konzentrischer Weise den religiösen Vollzugsformen Aufmerksamkeit schenken, eine sich selbst verabsolutierende oder nur auf Ich-Erlebnismaximierung zielende Religionsform in Kirche und Gesellschaft in kritischer Auseinandersetzung angehen und mit eigener überzeugender Verbindung von religiöser und sozialer Wirklichkeit gegensteuern. Denn sonst verkommt nicht nur die Religion, sondern letztlich auch die Solidaritätskraft gerade der religiösen Menschen.

7. Zusammenfassende Konkretionen

I. Inkarnationstheologisch hat Gott die Welt nicht flächendeckend erlöst, sondern punktuell, in einem Menschen, an einer Stelle von Geschichte und Geographie. Und auch dieser Mensch konnte nicht alle mit seinen Begegnungen und Heilungen erreichen, sondern nur wenige. Gott wird in einem Menschen Mensch, in ihm aber bis zur letzten Radikalität der Verbindung von Wort und Tat, bis hin zum Kreuz. Gott verzichtet auf horizontale Verwaltungstotalitäten, die in der Gebrochenheit menschlicher Geschichte allemal totalitär ausarten müssen. Gottes Totalitätscharakter zeigt sich vielmehr vertikal in der totalen Selbstverausgabung seiner selbst.

II. Die Pastoral der Kirche steht nicht unter dem Gesetz der Quantität. Ihre Basis ist vielmehr die Qualität der Gnade, also der unverdienten Geschenktheit einer Gottesbeziehung, von der wir glauben, dass sie aus sich heraus das Leben der Menschen verändert und derartig ausstrahlt. Gerade in einer Zeit, wo die Fixierungen auf die quantitative Wirkung überhand nehmen, geht es umso mehr darum, sich auf die eigene inhaltliche Identität zu besinnen und dieser eine eigene authentische Wirkung zuzutrauen und zu verschaffen. Damit die Planungskonzepte nicht im neuen Gewand alte Überansprüche aufleben lassen, werden sie sich vom flächendeckenden Anspruch (wie er in der lückenlosen territorialen pfarrlichen Einteilung mehr oder weniger fiktiv vorhanden war) verabschieden dürfen. Auch der Vernetzungsgedanke darf nicht in dieser Kategorie aufgefasst werden.

III. Umgekehrt bleibt wahr: Gerade wenn sich die Pastoral an ganz bestimmten Orten (und nicht an allen) verausgabt, ist die Vernetzung notwendig, damit diese Orte zueinander passagenfähig werden, so dass zum Beispiel die Pfarrgemeinde im gegebenen Fall über sich hinausweist auf Initiativen und Gruppen außerhalb ihrer selbst (sei es im eigenen Territorialbereich, sei es darüber hinaus), die der Situation und der biographischen Identität bestimmter Gläubiger gerechter werden als die eigene Sozialgestalt. Die Pfarrgemeinden bieten immer noch die besten institutionellen Ressourcen, um in dieser Passagenvermittlung eine zentrale Informations- und Vermittlungsrolle zu spielen. Ihre territoriale Zuteilung ist dann kein Problem, wenn sie weder beansprucht, darin alle Menschen zu erreichen, noch darauf abzielt, die erreichten Menschen alle an sich selbst zu binden. Es gibt längst schon Pfarrgemeinden, die in sich selbst zwischen unterschiedlichen Gruppierungen und Initiativen vermitteln und darüber informieren. Größere Seelsorgeeinheiten könnten eine Provokation dafür sein, dies nun auch darüber hinaus zu tun.

IV. An Jesus ist ablesbar: Jede vertiefte Kontextualisierung führt auch zur Konfliktsteigerung. Jesus hat sich in die verschiedenen Milieus hineinbegeben und dort aus der Perspektive des Reiches Gottes kritische Unterscheidungsarbeit (im Wort und im Tun) geleistet. Er hat Gegensätze aufgerissen und die bestehenden Lebensräume mit der elementaren Herausforderung konterkariert, ob darin jeweils Reich Gottes geschieht oder nicht. Soweit wie möglich hat er in den bestehenden Räumen die Räume des Reiches Gottes aufgedeckt, bestätigt oder aber vermisst und eingefordert. Wo Kontextualisierung nicht einhergeht mit umso größerer Konfliktbereitschaft (aus der inhaltlichen Perspektive des Reiches Gottes), verkommt sie zur blanken Anpassung. Umgekehrt gilt: ohne Anpassung und Integration in die Lebensräume kommt es überhaupt nicht zum Konflikt. Denn wer sich heraushält, erspart sich den Streit.

V. Jesus hat wochenlang die »Pastoral« verlassen, ist in die Wüste gegangen, um sich dort in die Beziehung mit Gott hineinzubegeben. Von ihr her konnte er bis zur letzten Selbstverausgabung Kraft schöpfen. Dieser Zusammenhang müsste für jede Pastoral strukturbildend sein: auch gegenüber jeder Art von pastoraler oder diakonischer »Verrechnung«: Was könnte man nicht in dieser Zeit alles an pastoraler Tätigkeit absolvieren? Letztlich ist dies die Frage: Was hätte Jesus nicht noch alles Gutes tun können, wäre er mit seinen Gegnern etwas vorsichtiger umgegangen und hätte er so das Kreuz vermieden? Das Leben aus der Gottesbeziehung bringt offensichtlich beides: Abrüsten vom gnadenlosen Aktivismus *und* im Ernstfall die Kraft zum Risiko der entscheidenden Taten und kompromisslosen Auseinandersetzungen: in scharfer Kritik der Täter und Täterinnen, aber auch in der versöhnenden Nähe zu ihnen; in der Solidarität mit den Leidenden, aber nicht weil sie unschuldig sind oder sein müssten, sondern weil Gott auch das Leid der Schuldigen nicht will. Und Solidarität bedeutet beides: Veränderung der Situation *und* ein Mitaushalten, wenn nichts mehr zu ändern ist. Eine solche christliche und kirchliche Identität braucht beides: Anpassung und Konfrontation, Nähe und Distanz, dichte Beziehung und Abbruch von Beziehung, Dialog und Dialogverweigerung, eben das, was theologisch heißt: Gnade und Gericht.

VI. Denn es gilt, was der im letzten Jahr verstorbene katholische Exeget Helmut Merklein in seinem Vorwort zu dem zweiten Band der Studien zu Jesus und Paulus (Tübingen 1998) gesagt hat: »Wir können keine heile, wohl aber eine heilige Welt gestalten. Die Heiligkeit ist das, was Gott von der Welt unterscheidet. Gerade wegen dieser Andersheit sehnt sich die Welt – bewußt oder unbewußt – nach Gott« (ebd. VIII). Die Pfarrgemeinde ist immer noch der zwar nicht einzige, aber zentrale Ort, wo die symbolische Kontinuität der (auch diskontinuierlichen) Heiligkeit nicht nur aufrecht zu erhalten, sondern zu entfalten ist. »Wenn das Neue Testament und insbesondere Paulus die Tempelsymbolik auf die Gemeinde übertragen, dann muß diese zum Ort werden, wo Gottesnähe erfahrbar wird. Dies kann nicht nur im zu verkündigenden Wort und in diakonischer Tat geschehen, sondern muß vor allen Dingen in symbolischer Konstitution von Heiligkeit geschehen« (ebd.).

VII. Um einer nicht gnadenlosen, sondern auch und gerade für die pastoral Tätigen entlastenden Pastoral willen sind Entscheidungen notwendig. Wo die vielen Worte in der Existenz von Menschen zur Tat werden, kann nicht so viel getan werden, wie im Wort gesagt werden kann. Vieles wäre nötig und möglich, aber die Ressourcen sind begrenzt (wie sie auch bei Jesus begrenzt waren). Innerhalb des Evangelisierungs-Konzeptes hat sich deshalb insbesondere in der Theologie der Befreiung der Optionsbegriff herausgebildet, der genau dies meint: In der Verbindung von Fähigkeit und Notwendigkeit, von Charisma und Situation werden Entscheidungen für Handlungsprojekte getroffen, die immer gleichzeitig den Schatten ihrer selbst nach sich ziehen, nämlich dass anderes dann nicht getan werden kann. Wer dies nicht wahrhaben will, verfällt innerhalb der Pastoral dem Gotteskomplex. Ohne pastorale Entscheidungen (Optionen) gibt es weder eine Kontextualisierung des Evangeliums noch eine in der Auseinandersetzung mit dieser bestimmten Wirklichkeit sich ereignende Kooperation mit allen Kräften guten Willens und auch keine Konfrontation gegen die Kräfte des bösen Willens.

VIII. Der Optionsbegriff ist kein gesetzlicher Leistungsbegriff, sondern basiert auf der Gegebenheit der Charismen und nimmt zugleich ihre Begrenztheit ernst. Umgekehrt pocht er darauf, dass in dieser Begrenztheit Notwendiges bestätigt bzw. getan wird. Die Entscheidung von Prioritäten nimmt die Verfassung dieser Welt ernst, indem sie sich selbst nicht gänzlich auf das Reich Gottes hin zu erlösen vermag, sondern darauf wartet, dass dies am Ende durch Gott selbst geschieht. Optionen haben also eschatologischen Charakter, indem sie sich in dieser Hoffnungsdynamik befinden und von da her prinzipiell bewahrt sind, in Resignation oder in Gewalttätigkeit abzustürzen.

IX. Da verschiedene Menschen, Gruppen und Gemeinschaften sich immer nur im Zusammenhang solcher Optionen verausgaben können, sind sie darauf angewiesen, andere Prioritäten jeweils anderen zu überlassen (und zu gönnen!). Auch wenn dadurch nie flächendeckende Notwendigkeit erreicht werden kann, sind Prioritäten immer darauf angewiesen, mit anderen zu kooperieren und sich mit ihnen zugunsten entsprechender Synergieeffekte zu vernetzen: im gegenseitigen Wahrnehmungs- und Verweiszusammenhang. Nochmals: die Pfarrgemeinde bietet nach meiner Ansicht immer noch die stärkste institutionelle Ressource, solche Vernetzungen zu zentralisieren, zu schützen und zu provozieren.

X. Unterschiedliche Epochen provozieren unterschiedliche spirituelle Bilder von christlicher und kirchlicher Existenz. Für die geistliche Dimension der künftigen Seelsorge wird es unerlässlich sein, innerhalb der konkreten Projekte als auch ihrer Vernetzungen (aber auch hinsichtlich des insgesamten Verständnisses von Kirche in dieser Gesellschaft) solche Bilder aufzunehmen und in ihrem Horizont die eigene Tätigkeit spirituell zu leben (und theologisch zu reflektieren). Die Bilder oder Vorstellungen haben pluralen Charakter, schließen sich nicht gegenseitig aus und dürfen auch unterschiedlich dialektisch beansprucht werden. Dann kann es allerdings sein, dass sich ganz bestimmte Bilder als besonders dominant für einen gewissen Zusammenhang herausfiltern.

XI. So war für viele eine gewisse Zeit in den siebziger und achtziger Jahren das Exodusmotiv ein leitendes spirituelles Bild. Mittlerweile scheint es verblasst zu sein. Dem ersehnten Freiheitsgewinn steht nun die Erfahrung von Heimatverlust des Christlichen in der Gesellschaft gegenüber, was eher das Bild des Exils aufruft. Bezüglich des Neuen Testamentes gibt es verschiedene Bilder für Kirche und christliche Existenz, etwa für die Gemeinde als Tempel des Heiligen Geistes oder für die Kirche als Leib Christi oder für die christliche Existenz im Bild des Sauerteigs.

XII. Aber auch Bilder aus kirchengeschichtlichen Epochen können in neuer Weise aktuell werden: etwa das Bild der Minderheitenkirche. Dazu können theologische oder christologische Motive spirituelle Kraft und Leitfähigkeit entwickeln: etwa die Gerichtstheologie, die Gnadentheologie oder auch, entsprechend meinen bisherigen Ausführungen, vor allem die Inkarnationstheologie. Vielleicht ist es spannend für die Gemeinden sowie für die verschiedenen Projekte, nach solchen Bildern zu suchen, um darin im gesteigerten Maß eine spirituelle Identität zu gewinnen. Es werden Bilder sein, die »passen«, entweder in guter Weise affirmativ, oder in inhaltlich notwendiger Weise konfrontativ.

Anmerkungen

[1] Vgl. M. de Saint-Pierre, Der Pfarrer von Ars, Freiburg i.B. 2/1975, 26–40, 51–60; H. Panneel, So war der Pfarrer von Ars, Freiburg/ Schweiz 1959, 32–40,49ff.

[2] Vgl. R. Bucher, Kirchenbildung in der Moderne, Stuttgart 1998; T. Breuer, Verordneter Wandel, Mainz 1992.

[3] Darmstadt und Neuwied 1998.

[4] Vgl. das Gespräch von Antje Bultmann mit Carl Amery, in: Droht die Weltherrschaft einer neuen Herrenrasse?, in: Publik-Forum (1998) Nr. 22, 12–13.

[5] J.B. Metz, Im Eingedenken fremden Leids, in: ders./J. Reikerstorfer/J. Werbick, Gottesrede, Münster 1996, 3–20,16.

[6] Ebd. 6

[7] Zur Konzeption einer eschatologisch orientierten Pastoral vgl. O. Fuchs, Neue Wege einer eschatologischen Pastoral, in: Tübinger Theologische Quartalschrift 179 (1999) 4, 260–288.

[8] Zur Gottesfurcht bzw. zum Gericht Gottes aus biblischer Sicht vgl. J. Becker, Gottesfurcht im Alten Testament, Rom 1965; J. Haspecker, Gottesfurcht bei Jesus Sirach. Ihre religiöse Struktur und ihre literarische und doktrinäre Bedeutung, Rom 1967; J. Reindl, Zwischen Gericht und Heil. Zum Verständnis der Prophetie Ezechiels, in: G. Wallis (Hg.), Zwischen Gericht und Heil. Studien zur alttestamentlichen Prophetie im 7. und 8. Jahrhundert v. Chr., Berlin 1987, 58–90; S. von Dobbeler, Das Gericht und das Erbarmen Gottes. Die Botschaft Johannes des Täufers und ihre Rezeption bei den Johannesjüngern im Rahmen der Theologiegeschichte des Frühjudentums, Frankfurt/M. 1988; R. Kühschelm, Verstockung, Gericht und Heil. Exegetische und bibeltheologische Untersuchung zum sogenannten »Dualismus« und »Determinismus« in Joh 12, 35–50, Frankfurt/M. 1990.

[9] Vgl. dazu meine beiden Versuche: Deus semper maior: auch im Gericht: in: Theologisch-praktische Quartalschrift 144 (1996) 2, 131–144; und: Gerechtigkeit im Gericht – Ein Versuch. Zum 90. Geburtstag von Hans Urs von Balthasar, in: Anzeiger für die Seelsorge 104 (1995) 11, 554–561.

[10] Vgl. Ch. Böttigheimer, Pastorale Not und kooperative Pastoral, in: Anzeiger für die Seelsorge 109 (2000) 2, 82–83.

[11] Zu einer Gesamtpastoral im Sinne gegenseitig durchlässiger Sozialformen der Kirche s. u. Abschnitt 6.

[12] Auf dem Niveau des Verhältnisses von Orts- und Universalkirche bespricht einen ähnlichen Zusammenhang thematisch-theologisch W. Kasper, Zur Theologie und Praxis des bischöflichen Amtes, in: W. Schreer/G. Steins (Hg.), Auf neue Art Kirche sein (FS für Bischof Dr. Josef Homeyer), München 1999, 32–48.

[13] In diesem Zusammenhang komme ich nun auf einen weiteren kirchlichen Selbstvollzug zu sprechen, nämlich den der Liturgie. Insgesamt geht es in meinem Vorschlag für die Konzeption der kirchlichen Grundvollzüge zunächst um die beiden »transzendentalen« *Grunddimensionen* der Gottes- und der Nächstenliebe, die sich in den *kategorialen Grundgesten* der Kirche (Verkündigung, Liturgie, Diakonie und Koinonie) realisieren. Der Pastoralbegriff meint im weiteren Sinn alle diese Grundgesten der Kirche (insofern sie erfahren und realisiert werden, und zwar nach innen wie nach außen); ich verwende ihn hier allerdings im engeren Sinn als Gegenüberbegriff zur Liturgie, um innerhalb des gesamten pastoralen Handelns zwischen (insbesondere sakramentalen) Symbolhandlungen und Alltagshandlungen zu unterscheiden. In Abschnitt 2 und 3 bin ich sowohl auf die Gottes- und Nächstenliebe wie auch auf die diese beiden Grunddimensionen der Kirche ausdrückenden Grundgesten der Diakonie und der entsprechenden Verkündigung (beide Male selbstverständlich nie getrennt vom Aspekt der Gemeinschaftsbildung und der Kommunikation nach innen wie nach außen) eingegangen. In beiden Aspekten, im Bereich des Gerichtes wie der Gnade, kommen beide basale Grunddimensionen in der Kirche zur Wirkung, die Gottesbeziehung (nämlich im Glauben an den richtenden Gott bzw. an seine Gnade) und die Menschenbeziehung (in der entsprechenden Diakonie insbesondere nach außen und im entsprechenden »gnädigen« Umgang auch und besonders nach innen). Dennoch habe ich dem Gerichtsaspekt dominant die Diakonie, und dem Gnadenaspekt dominant den Gottesbezug (auf der Ebene der Grundgesten der Kirche) zugeordnet. Zur Unterscheidung der basalen Grunddimensionen der Kirche (in Martyria und Diakonia als der Einheit von Gottes- und Menschenliebe) und den vier Grundgesten der Kirche, in denen sich diese ihr vorgegebene Identität in konkreten Situationen verausgabt, vgl. O. Fuchs, Martyria und Diakonia: Identität christlicher Praxis, in: H. Haslinger (Hg.), Praktische Theologie. Band 1 Grundlegungen, Mainz 1999, 178–197, 182 Anm. 6 und 183 Anm. 7.

[14] Mit dem Untertitel: Die Leitung gottesdienstlicher Feiern – Rahmenordnung für die Zusammenarbeit von Priestern, Diakonen und Laien im Bereich der Liturgie. Ein Text der deutschen Bischöfe, veröffentlicht am 8.1.1999 vom Sekretariat der Deutschen Bischofskonferenz, Bonn.

[15] Zum gegenseitigen Verhältnis von Weiheamt und den anderen Gläubigen innerhalb des gesamten Volkes Gottes im Zusammenhang mit der Verantwortung für die Einheit, die die Vielfalt schützt und zugleich die notwendigen Grenzen (zwischen Reich Gottes und Nicht-Reich-Gottes oder den gegnerischen Kräften des Reiches Gottes) markiert, vgl. O. Fuchs, Ämter für eine Kirche der Zukunft, Luzern 1993, 81–93; ders., Wohin mit dem eigenen und *dem* Amt?, in: Thomas Morus Akademie Bensberg (Hg.), ZusammenKUNFT. Beruf in der Kirche – Chancen, Grenzen, Perspektiven, Bergisch Gladbach 1998, 131–151. Hier finden sich ausführlichere theologische Überlegungen zu dem, was ich in diesem Rahmen nur andeuten kann.

[16] Der Begriff des »Häretischen« ist hier also nicht totalitär gebraucht, sondern partiell und damit als integraler Bestandteil jeder kirchlichen

und christlichen Existenz, insofern Glauben und Leben, Berufung und Biographie wohl nie deckungsgleich sein können, sondern immer in einer Spannung liegen, welche je neu Umkehr und Veränderung nötig macht. Es gehört zur Grundambivalenz menschlichen Glaubens und Handelns, dass es darin immer defizitäre Selektionen (also »Häresien«) gibt. Wichtig ist nun, dass Christen und Christinnen sich in den Sozialgestalten der Kirche auf die Dynamik einlassen, einander auf diese Defizite ihrer christlichen Existenz aufmerksam zu machen und sich von da her in einem nie abgeschlossenen und abschließbaren Prozess auf den Weg der je intensiveren Nachfolge Jesu begeben.

[17] Zum Versuch eines solchen Ämterprofils des Diakons vgl. Fuchs, Ämter 67- 93.

[18] Vgl. dazu ausführlich D. Reininger, Diakonat der Frau in der einen Kirche, Ostfildern 1999, 160ff und 647ff.

[19] Zu diesen nicht zu unterschätzenden Gefahren vgl. O. Fuchs, Kirche im Symbolkampf?, in: Stimmen der Zeit 216 (1998) 7, 442–452.

[20] Vgl. D. Emeis, Leben mit Weihemangel (III), in: Anzeiger für die Seelsorge 109 (2000) 4, 147–153.

[21] Vgl. zu dieser Problematik K. Koch, Gemeindeleitung in Gegenwart und Zukunft, in: E. Baumgartner/Ch. Friesl/A. Máté-Tóth (Hg.), Den Himmel offen halten, Innsbruck 2000, 197–211.

[22] Vgl. Die deutschen Bischöfe, Geistliche Leitung in den katholischen Jugendverbänden (herausgegeben vom Sekretariat der Deutschen Bischofskonferenz Nr. 59), Bonn 1997, Nr. 4.1 und 4.2.4.

[23] So ganz nebenbei werden hier Diakone und Laien auf eine Stufe gestellt, nämlich auf die der Moderation, also der Vertretung in spezifischen Aufgaben der geistlichen Leitung. Liegt der einzige Unterschied zwischen Diakonen und Laien in diesem Fall darin, dass die Diakone offensichtlich keine spezifische Beauftragung nötig haben wie die Laien, aber ansonsten auf dem Niveau der *beauftragten* Laien zu sehen sind? Auch hier begegnet das oben erwähnte Problem bezüglich des sakramententheologischen Profils der Diakone. Die Diakone und Laien gegenüber den Priestern auf eine Stufe zu stellen, dürfte ämtertheologisch zu problematisieren sein. Die Ordozugehörigkeit der Diakone legt eher die Vorstellung nahe, dass sie eine ganz andere Affinität zur geistlichen Gemeindeleitung haben als Laien. Müsste man nicht eher davon ausgehen, dass im Diakonat »rezessiv« und bislang unentfaltet, aber dennoch in nuce die Amtsgnade zu einer spezifischen geistlichen Leitung gegeben ist?

[24] Dass Eucharistievorsitz und eine ganz spezifische Gemeindeleitung zusammengehören, ist nicht etwa ein formales Prinzip, das als solches gegen die Praxis gestellt wird (und damit ideologischen Charakter hätte), sondern beinhaltet eine ganz bestimmte Qualifikation des faktischen Vollzugs von Gemeindeleitung. Wenn sich die Gemeindeleitung an den Eucharistievorsitz bindet, dann bedeutet dies für die Leitung, dass sie sich im Horizont der Gnade ereignet (wie jedes Sakrament also primär der vorzügliche Ort ist, sich von Gottes Anerkennung, Liebe, Wegbegleitung und Versöhnung beschenken zu lassen). Wenn sich nun die Einheitsverantwortung des Weiheamtes im Horizont der Euchari-

stie ereignet, dann eben in dem Sinn, dass in der Eucharistie die Einheit der Kirche *gefeiert* wird, insofern sie zuerst ein Geschenk von Gott selbst her ist, in dem die Gläubigen noch bevor sie etwas dazu oder dagegen tun, im Leib Christi geeint sind (vgl. 1 Kor 12). Die Einheit ist also primär ein Glaubensartikel (»ich glaube an die eine heilige katholische Kirche...«), bevor sie, auf der Basis der Zusage, zur Aufgabe werden kann. Im Horizont dieser Feier der Einheit, wie sie von Gott her geschenkt ist (indem alle Gläubigen, mit ihren unterschiedlichen Biographien und Meinungen eins sind, auch wenn sie im Widerstreit stehen), hat sich dann auch die Einheitstätigkeit des kirchlichen Amtes zu entfalten, nämlich im Dienst an dieser von Gott geschenkten Einheit in der Kirche: und nicht etwa die Einheit der Kirche selbst mit gewalttätigen Mitteln, etwa mit einem von einer Majorität verordneten Meinungskonsens oder mit einer von oben nach unten verordneten Meinungszustimmung, durchsetzen zu wollen: Dies wäre durchaus die Häresie des Pelagianismus innerhalb der Gemeindeleitung: vgl. dazu Fuchs, Ämter 81–86; ders., Wohin 142ff.

[25] Vgl. R.M. Bucher, Pastorale Herausforderungen der religiösen Situation der Gegenwart, Habil. Vorlesung (masch.), Bamberg 1996, 15; ders., Pluralität als epochale Herausforderung, in: H. Haslinger u.a. (Hg.), Praktische Theologie Bd. 1 (Grundlegungen), Mainz 1999, 91–101; auch M.N. Ebertz, Kirche im Gegenwind, Freiburg/Br. 1997.

[26] Bucher, Herausforderungen 16.

[27] Obgleich z.B. die Krankenhausseelsorge ihrerseits dazuzulernen haben mag, dass sie zwischen entlassenen Kranken und ihren zukünftigen sozialen Orten Wege mit-eröffnet.

[28] Vgl. Bucher, Herausforderungen 16.

[29] Ebd. Bucher 16.

[30] Vgl. Zulehner, Solidarität 215.

FRANZ WEBER

Spannungsgeladene Vielfalt
Gemeindeerfahrungen in der Weltkirche

Einleitung

Am Anfang dieses 3. Jahrtausends leben wir ohne Zweifel nicht nur in einer in vieler Hinsicht angespannten und konfliktreichen Weltlage, sondern auch – positiv gesehen – in einer spannenden und spannungsreichen, in einer wirklich bewegten Zeit, weil viel in Bewegung ist – in der Welt, in den Religionen und auch in den christlichen Kirchen von heute. Der Eindruck, dass sich zur Zeit in der katholischen Kirche nichts bewege, ja dass der nachkonziliare Aufbruch zum Stillstand gekommen sei, mag für manche Strukturen kirchlichen Lebens und manche Ortskirchen richtig sein. Auf's Große und Ganze gesehen und im Blick auf die Weltkirche stimmt dieses Vorurteil aber sicher nicht.

Es trifft vor allem nicht auf jenen für den Glaubensvollzug grundlegenden »Kernbereich« kirchlichen Lebens zu, der seit neutestamentlicher Zeit als *Gemeinde* bezeichnet wird. Zwar sind die Veränderungsprozesse, die sich zur Zeit in den meisten unserer Pfarrgemeinden vollziehen und die – zumindest auf einen ersten Blick – oft als Schrumpf- und Sterbeprozesse erscheinen, unübersehbar und wir sollen sie mit einem heilsamen Erschrecken wahrnehmen. Kann man aber der Kirche als Ganzer so ohne weiteres »das Leben absprechen«? Kann man leichtfertig und allgemein davon ausgehen, dass mit dem Ende des 2. Jahrtausends das Ende der Zeit der Kirche angebrochen sei? Auch wenn mich vieles zutiefst bedrückt, was in unserer Kirche »ohne Leben« ist, auch wenn ich manche Konflikte, die wir zur Zeit ortskirchlich und weltkirchlich durchleben und durchleiden, für lebensbedrohend, ja für tödlich halte: Ich nehme in der österreichischen Kirche und in der Weltkirche von heute derart viele Zeichen von Gemeindevitalität wahr, dass ich ohne idealisierende Verfälschung bereit bin, »*jedem Rede und Antwort zu stehen, der mich nach der Hoffnung fragt, die mich erfüllt*« (vgl. 1 Petr 3, 15). Ich habe gute Gründe gerade im Hinblick auf die Frage nach der Zukunft der Gemeinden, voll Hoffnung zu sein. Die Grundlage dafür sind nicht irgend welche in einem spirituellen Glashaus gezüchtete Gemeindevisionen oder am fachtheologischen Pult konzipierte Gemeindemodelle. Und ich möchte es vermeiden, unsere Kirchenträume auf die Basisgemeinden in Lateinamerika oder Asien oder sonstwohin zu projizieren. Mein Ausgangspunkt sind reale Gemeindewahrnehmungen in der Weltkirche von heute, die ich empirisch historisch belegen kann und deren pastoraltheologische Bedeutung ich im Blick auf unsere österreichische und mitteleuropäische Gemeindesituation herausarbeiten möchte.

1. Mehr Mut zum befreienden Blick über den Zaun der eigenen Kirchenwirklichkeit

Ich weiß nicht, woran es liegt, dass wir in der österreichischen Kirche und vielleicht auch überhaupt in der Kirche des deutschsprachigen Raumes manchmal bei all unserer Bereitschaft, den ärmeren Kirchen des Südens materiell zu helfen, in unserer Kirchenmentalität so provinziell-ortskirchlich geblieben sind und einfach zu wenig »katholisch« denken und handeln, in dem Sinn, wie das 2. Vatikanische Konzil Katholizität verstanden wissen wollte. Man hört zwar immer wieder diesen sorgenvollen Hinweis auf die Notwendigkeit der »Rücksichtnahme auf die Weltkirche«, aber meistens nur als Argument gegen österreichische Alleingänge in heiklen Strukturfragen, nicht jedoch als Ermutigung zur Wahrnehmung hoffnungsvoller Aufbrüche in anderen Ortskirchen, deren Bischofskonferenzen und Gemeinden in der pastoralen Umsetzung des 2. Vatikanischen Konzils in mancherlei Hinsicht mehr Mut und Kreativität bewiesen haben, als dies in Mitteleuropa der Fall war. Man müsste diesbezüglich auf die römischen Weltbischofssynoden der letzten Jahre verweisen, wo die hinreichend bekannten »heißen Eisen« (neue Formen des Amtes, Verhältnis der Ortskirchen zur römischen Kir-

chenleitung etc.) etwa in der Asien- und Ozeaniensynode von einzelnen Bischöfen offener, entschiedener und klarer angesprochen wurden als etwa auf der Europasynode.
Die Berufung auf die Gesamtkirche sollte nicht als Bremsschuh verwendet werden, um die sich angeblich da und dort vom offiziellen österreichischen Kirchenzug loslösenden Waggons zum Stehen zu bringen. So sehen es manche und sie übersehen dabei, dass unsere Kirche mehr ist als ein langsam dahinkriechender »Güterzug«. Mit dem berechtigten Argument der Notwendigkeit der Einbindung in die katholische Weltkirche darf nicht all jenen Aufbrüchen des Lebens ein Riegel vorgeschoben werden, die in jeder Ortskirche immer wieder dafür sorgen, dass Menschen in neuen Kirchenerfahrungen »aufatmen« können.
Der Blick auf die Weltkirche muss ohne Zweifel auch ein Blick nach Rom sein. Aber er ist nicht nur ein »Blickkontakt« mit Papst und römischer Kirchenleitung, sondern vor allem ein Ausblick und Weitblick auf die anderen Ortskirchen, aus denen uns in vielerlei Hinsicht ein neuer und frischer Wind (aus dem Süden) ins Gesicht weht, der unseren zur Zeit etwas schwer atmenden österreichischen Kirchenlungen gut tut. Zu diesem Atemholen aus den vitalen Gemeindeerfahrungen der Weltkirche von heute lade ich ein.
Man darf diesen »Ausflug« in eine andere Gemeindewirklichkeit freilich nicht mit falschen und überzogenen Hoffnungen antreten und sich vor allem nicht erwarten, mit einem Koffer neuer und unmittelbar anwendbarer Gemeindemodelle zurückzukommen. An dieser Illusion sind viele theologische »Drittewelttouristen« der siebziger und achtziger Jahre gescheitert, weil sie nach ihrer Flucht vor ihrer eigenen enttäuschenden Kirchenwirklichkeit z. B. in Lateinamerika befreiungstheologische und basiskirchliche Trauminseln anzutreffen glaubten. Die Formen von Kirche, die sich in den Gemeinden der Armen der Welt von heute zu inkarnieren und inkulturieren beginnen, verwirklichen sich nicht im himmlischen Jerusalem, sondern »in der großen Bedrängnis« (vgl. Offb 7,14) sozialer und kultureller Konflikte. Die Begegnung mit diesen

Gemeinden ist meist ziemlich ernüchternd, ja enttäuschend. Sie können gar keine Idealform von Kirche sein, weil die gesellschaftlichen Voraussetzungen dafür alles andere als optimal sind. Die Gemeinschaft im Glauben vollzieht sich dort oft unter lebensbedrohlichen gesellschaftlichen Spannungen. Christliche Gemeinde muss in vielen Teilen der Weltkirche mit armseligen Mitteln überleben. Die Globalisierung des neoliberalen Wirtschaftsmodells trifft überall am härtesten die Armen und Ärmsten, die in der Welt von heute zu Millionen überflüssig geworden sind. Wovon sollen sie in Zukunft leben? Werden sie in christlichen Gemeinden Heimat und – im tieferen Sinn – eine Chance zum Leben bekommen, wenn es stimmt, dass der Mensch nicht vom Brot allein lebt? Vielleicht bleiben viele dieser Gemeinden gerade darum – im doppelten Sinn des Wortes – »am Leben« und »am realen Leben dran«, weil sie unter schwierigen Umständen um ihr Überleben kämpfen müssen. Deshalb sind solche Gemeindeerfahrungen nicht ohne weiteres auf unsere Kirchensituation übertragbar. Sie entstammen einem anderen je eigenen kulturell bedingten Kontext und eignen sich nicht »als Frischzellen zur Revitalisierung des alternden Organismus der Volkskirche«[1] in Europa.

Was hilft uns dann der Blick über den Zaun, wenn wir nichts für unsere Gemeinden »abschauen« können? – Jede Horizonterweiterung und jeder Weitblick befreit ein Stück weit aus der oft ängstlich besorgten Enge der eigenen Kirchenwirklichkeit. Was in der Weltkirche an neuem Gemeindeleben sichtbar wird, ist in vielerlei Hinsicht hoffnungsvoll und macht Mut. Vor allem kommt es hier und dort darauf an, zu hören, wahr-zu-nehmen, »was der Geist den Gemeinden (heute) sagt« (Offb 2,7 u. a.). Dieser Geist lässt sich letztlich nirgendwo in der Kirche »die Flügel stutzen«. Er fragt nicht um »Nisterlaubnis«. Er lässt sich einfach nieder, um in christlichen Gemeinden Heimat und Lebensraum für Menschen unserer Zeit zu schaffen. Dieser Geist ist und bleibt »Feuer«, Glut unter der »Kirchenasche«, und deshalb ist er es, der letztlich dafür Sorge trägt, dass auch in der österreichischen Kirche »der Ofen nicht ausgehen« kann. Das ist die Lektion, die aus dem

Blick auf die Vielfalt der Gemeindeerfahrungen in der Weltkirche zu lernen ist. Ich werde jetzt einige Fährten von weltkirchlicher »Gemeindeentwicklung« legen, die von Land zu Land, von Kontinent zu Kontinent verschieden deutlich erkennbar sind. In einem ersten Schritt möchte ich jenen ekklesiologisch-gemeindetheologischen »Kompass« in die Hand nehmen, mit dem das 2. Vatikanum eine Richtung für die Gemeindeerneuerung gewiesen hat (Kapitel 2). Welche Kirchengestalt die Wegweisungen des Konzils in Lateinamerika angenommen haben, möchte ich kurz am Beispiel der leid- und hoffnungsvollen Geschichte der dortigen Basisgemeinden aufzeigen (Kapitel 3). Doch auch in Afrika, vor allem in Ostafrika, wurden schon bald nach dem Konzil Versuche unternommen, die religiösen Lebenselemente der afrikanischen Kulturen in eine neue Gemeindeerfahrung der sogenannten »Small Christian Communities« einfließen zu lassen (Kapitel 4). Eine theologisch bemerkenswerte Weiterentwicklung der Gemeindetheologie ist bei asiatischen Theologen und in den Dokumenten der »Föderation der Asiatischen Bischofskonferenzen« feststellbar. Gerade in Asien wird die Zukunft der katholischen Kirche davon abhängen, ob es ihr gelingt, immer mehr »eine Kirche mit asiatischem Gesicht« zu werden, die in »Human Basic Communities« den interreligiösen Dialog einübt und die vorrangige Option für die Armen vorlebt (Kapitel 5). Aber müssen nicht auch die sogenannten »Neuen geistlichen Gemeinschaften und Bewegungen«, die in fast allen Teilen der Weltkirche an Bedeutung gewinnen, als zukunftsweisende Gemeindeerfahrungen Erwähnung finden, die nach Meinung mancher Kirchenleute vielleicht bald unsere bisherigen Pfarreien ersetzen werden? – Auch zu dieser Frage sollen aus weltkirchlicher Perspektive einige Grundgedanken zur Sprache gebracht werden (Kapitel 6).

2. Abschied von einem zentralistisch-uniformistischen Kirchenbild – Die Weltkirchenvision des 2. Vatikanums und ihre lehramtliche Weiterführung

Die Einsicht, dass Europa »nicht die Welt ist« und dass die zahlenmäßig gegenüber den Kirchen des Südens immer kleiner werdende europäische Kirche nicht mehr das Maß aller Dinge sein kann², hat sich bereits auf dem 2. Vatikanum durchzusetzen begonnen und zu einer ekklesiologischen Umkehr geführt, zu einer Wende »von einem zentralistisch-uniformistischen Kirchenbild ... zu einer Kirche als Communio ecclesiarum«, d.h. zu einer Kirche, die wesentlich in den Ortskirchen und durch die Ortskirchen lebt und handelt.³ In der Kirchenkonstitution des Konzils wird Katholizität als »Eigenschaft der Weltweite, die das Gottesvolk auszeichnet«, verstanden, durch die »die einzelnen Teile ihre eigenen Gaben den übrigen Teilen und der ganzen Kirche« hinzubringen.⁴ Das Konzil geht von der Vorstellung einer »Lerngemeinschaft Weltkirche«⁵ aus, in der alle Teilkirchen einander pastoral und theologisch etwas zu geben und mitzuteilen haben. »Die Kirche Christi ist wahrhaft in allen rechtmäßigen Ortsgemeinschaften der Gläubigen anwesend«⁶, sagt der Konzilstext wörtlich und verweist darüber hinaus auf die Gemeinden als eigentliche Basis kirchlichen Lebens: »In diesen Gemeinden, auch wenn sie oft klein und arm sind oder in der Diaspora leben, ist Christus gegenwärtig.«⁷
Paul VI. hat im Anschluss an die römische Bischofssynode von 1974 in seinem Apostolischen Schreiben »Evangelii nuntiandi« mit großer Eindringlichkeit eine ortskirchliche Inkulturation des Gemeindelebens gefordert. Die Universalkirche nimmt in den Teilkirchen konkrete Gestalt an, weil dort aus Menschen, »die eine bestimmte Sprache sprechen« und einem bestimmten »kulturellen Erbe verbunden sind«⁸, christliche Gemeinde entsteht. »Die wahrhaft eingewurzelten Teilkirchen, die sich sozusagen verschmolzen haben mit den Menschen, aber auch mit den Wünschen, Reichtümern und Grenzen, mit der Art zu beten, zu lieben, Leben und Welt zu betrachten, wie sie für eine bestimmte Menschengruppe charakteristisch sind,

haben die Aufgabe, das Wesentliche der Botschaft des Evangeliums sich tief zu eigen zu machen ...»[9] – Die Evangelisierung würde viel von ihrer Kraft und Wirksamkeit verlieren, »wenn sie das konkrete Volk, an das sie sich wendet, nicht berücksichtigt und nicht seine Sprache, seine Zeichen und Symbole verwendet, nicht auf seine besonderen Fragen antwortet und sein konkretes Leben nicht einbezieht.«[10]
Nicht nur in Lateinamerika, sondern fast überall in der Weltkirche hat man in den letzten Jahrzehnten mehr oder weniger entschieden versucht, dieser Wegweisung des Konzils und des Lehramtes nachzukommen. Wenn wir vor allem in den Kirchen des Südens heute auf Schritt und Tritt der Tatsache begegnen, dass »Gemeinde lebt« und dass die Verkündigung der Frohbotschaft tatsächlich vielerorts neues Leben schafft und Millionen von Menschen neue Glaubens- und Lebensräume eröffnet, dann hat das damit zu tun, dass man vor Ort das Wagnis der Inkulturation eingegangen ist[11]. Dass solche Inkulturationsprozesse, durch die die Kirche in ihren Gemeinden vor Ort jeweils eine besondere Sozialgestalt annimmt, auch viele »Wachstumsprobleme« mit sich bringen, sollte nicht überraschen. Wo Leben ist, da wird Energie frei, die wiederum nicht ohne Spannung erhalten bleiben kann. Die Kirche ist »in dem Maß, als sie konkret Weltkirche wird, ... auf dem Weg über vielfältige innere und äußere Konflikte mitten in einem Gestaltwandel begriffen, dessen Ende noch nicht abzusehen ist, in dem sich aber ihre Communio-Struktur und damit der Reichtum ihrer Katholizität deutlicher und reicher ausprägen werden, als dies in den letzten Jahrhunderten der Fall sein konnte.«[12]

3. Eine authentische Kirche der Armen – Basisgemeinden in Lateinamerika

Es ist viel zu wenig bekannt, dass die Entwicklung der Kirche in Lateinamerika sowohl Johannes XXIII. und seiner Vision einer »Kirche der Armen« als auch Paul VI. wesentliche Impulse verdankt, der die Bischöfe wiederholt zu einer Umsetzung der Konzilsbeschlüsse in die lateiname-

rikanische Wirklichkeit ermutigte und dem es – sicher auch unter dem Einfluss von Helder Camara – zu verdanken ist, dass es im Jahre 1968 zur Bischofsversammlung von Medellín kommen konnte[13]. Eine Frucht der dort in die Wege geleiteten pastoralen Erneuerung sind ohne Zweifel die sogenannten »Kirchlichen Basisgemeinden« (CEBs = Comunidades Eclesiales de Base – Comunidades Eclesiais de Base).
Mit Realitätssinn und Mut zum Handeln haben sich die lateinamerikanischen Bischöfe in Medellín sowohl den Herausforderungen der sozialen Situation, als auch der Notwendigkeit theologischer Erneuerung und pastoraler Strukturreformen gestellt. Aus der realistischen Wahrnehmung, dass sich die Kirche meilenweit von den Armen entfernt hatte und, so wie sie sich darstellte, für diese unerreichbar war, gelangte man zur Einsicht, dass die traditionelle Struktur der riesigen Pfarren vor allem den Armen keine Erfahrung christlicher Gemeinde ermöglichte. Man wollte die traditionelle Pfarre nicht abschaffen, sie aber »dezentralisieren«. Sie sollte »eine belebende und einende Gesamtheit der Basisgemeinschaften« werden. »*Das Leben der Gemeinschaft, zu dem der Christ aufgerufen wurde ... muss er in seiner Basisgemeinschaft finden; das heißt, in einer Gemeinschaft am Ort oder in der Umgebung, die ... eine solche Dimension hat, dass sie die persönliche geschwisterliche Begegnung unter ihren Mitgliedern ermöglicht.*«[14]
Und diese Gemeindeform sollte nach Vorstellung der Bischöfe in Lateinamerika »*Kernzelle kirchlicher Strukturierung (und) Quelle der Evangelisierung*«[15] werden.
So sind die lateinamerikanischen Basisgemeinden gewiss nicht als »revolutionäre Zellen« gegen die Amtskirche, sondern kirchenhistorisch nachweisbar »im Schoß der Kirche« entstanden. Sie wurden von vielen Bischöfen, die sich in ihren Diözesen auf dieses Experiment einließen, als Verwirklichung der Vision Johannes XXIII. von einer Kirche der Armen verstanden und sind bis heute trotz mancher notwendiger und unnötiger Konflikte zutiefst kirchlich geblieben.
Als sich die lateinamerikanischen Bischöfe im Jahre 1979 in Puebla wieder zu einer Vollversammlung trafen, blick-

ten sie schon auf mehr als ein Jahrzehnt wechselvoller Erfahrungen mit dieser neuen Gemeindepraxis der Armen zurück, sodass sie die Basisgemeinden im Schlussdokument erfahrungsgemäß und guten Gewissens »als Brennpunkte der Evangelisierung«[16] bezeichnen konnten. Das war zu einer Zeit, als die Kirche unter den Militärregimen vielerorts bereits ein »Jahrzehnt des Blutes und der Hoffnung« (Enrique Dussel) durchgestanden hatte. Denn die prophetische Anklage der vielen Formen institutionalisierter Gewalt und ihr Eintreten für Rechtlose und Unterdrückte hatte der Kirche vielerorts harte Verfolgungen eingetragen, deren erste Opfer, wie der Text von Puebla wahrheitsgetreu feststellt, die Armen selbst waren.[17]

Wo überall und wann die Basisgemeinden auf diesem riesigen Kontinent tatsächlich entstanden sind, lässt sich historisch nicht mehr exakt erheben. Denn das, was da »vor Ort«, oft weit weg von Bischofssitzen und Pfarrkirchen geschah, wo Frauen und Männer miteinander die Bibel zu lesen und mit armseligen Mitteln Gemeinden aufzubauen begannen, war so unspektakulär und fragmentarisch, das es erst später, als die ersten größeren Basisgemeindetreffen stattfanden, wahrgenommen und dokumentiert wurde. Auf dieser Versammlung in Puebla sahen die Bischöfe in den Basisgemeinden einen »Ausdruck der besonderen Zuneigung der Kirche zum einfachen Volk« und wollten sie deshalb als Hirten »entschlossen fördern«.

Das klare Bekenntnis von Medellín und Puebla zu den Basisgemeinden konnte jedoch nicht verhindern, dass die weitere Entwicklung der lateinamerikanischen Kirche in dieser Hinsicht zum Teil sehr divergierend verlief. Die Option für die Armen wurde 1992 in Santo Domingo zwar offiziell erneuert, sie war aber in den Jahren zuvor in vielen Ortskirchen nicht oder nur sehr halbherzig in die pastorale Praxis umgesetzt worden, sodass dort keine authentische Kirche der Armen entstehen konnte. Es wäre falsch, die Basisgemeinden in den Himmel zu heben und sie als blühendes, flächendeckendes lateinamerikanisches Gemeindemodell darzustellen. Man sollte stattdessen nüchtern und wirklichkeitsgetreu feststellen, dass diese hoffnungsvolle Gemeindeerfahrung »mit Mühe und Not«

überlebt. Die Basisgemeinden sind – allen Unkenrufen und Widerständen zum Trotz – »am Leben geblieben« und sie sind in manchen Ländern nach wie vor sehr zahlreich. Allein in Brasilien gibt es nach einer wissenschaftlichen Untersuchung aus dem Jahre 1994 an die 100.000 dieser kleinen katholischen Gemeinden.[18]
Die Situation der Armen hat sich in den letzten Jahren unter den neoliberalen Regierungen bedrohlich verschärft, ja ist vielerorts nahezu unerträglich geworden. Der Kampf ums physische Überleben nimmt fast alle Kräfte in Anspruch. Der Einfluss der Massenmedien (besonders des Fernsehens) auf die ärmsten Schichten ist enorm. Die Sekten und neureligiösen Bewegungen, vor allem die radikalen pentecostalen Gruppen, missionieren zum Teil sehr aggressiv und finden regen Zulauf. In einigen Ländern bemüht man sich innerhalb der katholischen Kirche und auf ökumenischer Basis anfanghaft um einen Dialog zwischen neuen geistlichen Bewegungen und Basisgemeinden. Jedenfalls hat die brasilianische Bischofskonferenz ihren Basisgemeinden nach einem fruchtbaren Dialogprozess in den letzten Jahren wiederholt ihr Vertrauen ausgesprochen. Die Bischöfe sehen in ihnen »eine reiche kirchliche Erfahrung«, einen Ausdruck »pastoraler Kreativität« und eine »Kraft der Evangelisierung«.[19] Dass sie das auch weiterhin sein werden, daran habe ich nach meiner Teilnahme an drei gesamtbrasilianischen sogenannten »Interekklesialen« Treffen[20], an denen auch zahlreiche Repräsentanten aus anderen lateinamerikanischen Ländern teilnahmen, keinerlei Zweifel.

4. Kirche als »Familie Gottes« – »Small Christian Communities« in Afrika

Wenn man in Europa von Basisgemeinden spricht, denkt man gewöhnlich nur an die lateinamerikanische Kirche. Dass aber in vielen Ortskirchen Afrikas seit Beginn der siebziger Jahre eine ähnliche und pastoral nicht weniger wirksame Gemeindeerfahrung gemacht wurde, die im kirchlichen Sprachgebrauch dort seltener als Basisgemein-

de, sondern sowohl im anglofonen als im frankofonen Afrika die Bezeichnung »kleine christliche Gemeinschaft« trägt, fand hierzulande leider wie viele andere Zeichen kirchlichen Aufbruchs auf dem schwarzen Kontinent viel zu wenig Beachtung. Auch für Afrika kann nur blitzlichtartig und andeutungsweise an einige »Gemeindeentwicklungen« erinnert werden, die über einzelne Ortskirchen hinaus an Bedeutung gewannen. Als Kardinal Maurice Otunga von Nairobi auf der römischen Bischofssynode von 1980 von der Suche nach neuen Wegen der Evangelisierung in Afrika sprach, nannte er auch die »Kleinen christlichen Gemeinschaften« und sah in ihnen eine große pastorale Chance: »*Wir glauben, wir haben einen Weg gefunden. Es ist die afrikanische Familie im Kontext der Kleinen Christlichen Gemeinschaft ... Sehr oft ist die Pfarrgemeinde zu groß und zu anonym, und die Familien verlieren sich in der Menge. Die Erneuerung der Pfarrgemeinde als eine Gemeinschaft von Gemeinschaften ist von entscheidender Bedeutung ...*«[21]
Schon in den siebziger Jahren hatte sich die Vereinigung ostafrikanischer Bischofskonferenzen (AMECEA) auf mehreren Studientagungen mit diesem Thema befasst und war 1973 in ihrer Vollversammlung zum Ergebnis gekommen, dass das kirchliche Leben in kleinen Gemeinschaften wurzeln und wachsen müsse, in denen sich das alltägliche Leben und Arbeiten der Menschen abspielt. Im Jahre 1976 beschlossen die Bischöfe den systematischen Aufbau von Kleinen Christlichen Gemeinschaften als pastorale Priorität für die kommenden Jahre. Nach einer Woche des Mitlebens in solchen Gemeinden, mit dem sich die Bischöfe 1979 auf ihre Konferenz vorbereiten wollten, kamen sie zur Überzeugung, dass sich die Kleinen Christlichen Gemeinschaften zu einem unaufgebbaren Fundament der Spiritualität, der Pastoral und der gesellschaftlichen Verantwortung entwickelt hätten. Die Bischöfe erklärten unter anderem wörtlich: »*Kleine christliche Gemeinschaften können die Kirche zum täglichen Leben und zu den Anliegen der Menschen führen, dorthin, wo sie wirklich leben. In ihnen nimmt die Kirche Fleisch und Blut an in den Lebenssituationen der Menschen.*«[22]

Es fällt in diesen offiziellen Erklärungen auf, dass die ostafrikanischen Bischöfe mit anderen Worten im Grunde genommen zu den selben pastoralen Schlussfolgerungen gelangten wie ihre Kollegen in Lateinamerika, wenn sie in ihrer Erklärung von 1979 ausdrücklich betonten, »*dass alle christlichen Gemeinschaften angeregt werden müssen, ein soziales und politisches Bewusstsein zu entwickeln, so dass die ›Zeichen der Zeit‹ richtig ausgelegt und beantwortet werden.*«[23]

Wer sich näher mit Gemeindeentwicklungen in Afrika beschäftigt, wird mühelos feststellen können, dass die neuen Kirchenerfahrungen zumindest in Ostafrika ganz ähnliche Ziele verfolgten und ähnliche Grenzen erlebten[24] wie die lateinamerikanischen Basisgemeinden. Ohne dass davon in der Weltkirche zunächst groß Notiz genommen wurde, kam es in Afrika also zu einer »Gemeindeentwicklung«, die zumindest in Anfängen darin bestand, dass vielerorts aus großen »römisch-katholischen«, nach europäischen Vorbildern aufgebauten, ausgedehnten Pfarrdistrikten, Pfarrgemeinden als Gemeinschaft vieler kleiner Gemeinden vor Ort wurden, in denen die Kirche tatsächlich strukturell und kulturell pluriform immer stärker afrikanische Gestalt annahm. Diese Entwicklung breitet sich heute noch nicht allgemein, aber doch in zunehmenden Maß auf ganz Afrika aus. Auf der 9. gesamtafrikanischen Vollversammlung des Symposions der Katholischen Bischofskonferenzen von Afrika und Madagaskar, die 1990 in Lomé/Togo stattfand, scheint sich die Überzeugung von der pastoralen Notwendigkeit neuer afrikanischer Gemeindemodelle allgemein durchgesetzt zu haben. »*Wir glauben weiterhin*«, so betonen die Bischöfe im Schlusskommuniqué ihrer Versammlung, »*an das Konzept der kleinen Christengemeinden als Grundstein für die weitere Familie all derer, die die Herrschaft Jesu Christi über sich akzeptieren. Wir meinen, wir brauchen kleine Zellen vibrierenden christlichen Lebens, zumal für die Jugend*«.[25] Diese Überzeugung haben die afrikanischen Bischöfe auch auf der Afrikasynode von 1994 vertreten. Jedenfalls unterstreichen sie deren Bedeutung in ihrer Schlussbotschaft und stellen ihnen gerade auf dem Hintergrund so vieler schmerzlicher ethnischer Konflikte die Aufgabe, gegen den innerhalb und außerhalb der Kirche herrschenden Ethnozentrismus die Erfahrung der Versöhnung möglich zu machen.[26]

Die afrikanischen Ortskirchen »wohnen«, wie man von afrikanischen Theologen immer wieder hören kann, – im Bild gesprochen – immer noch zum Teil in aus Europa importierten »Fertighäusern«. Den sogenannten »Unabhängigen Kirchen« wird man dagegen trotz mancher Fragwürdigkeiten z. B. in ihrer Bibelinterpretation und in ihrer missionarischen Praxis bestätigen können, dass sie die »afrikanische Seele« ansprechen und deshalb großen Zulauf haben. Sie werden für die großen christlichen Kirchen zu einer immer stärkeren Konkurrenz. Die vielen verschiedenen Kulturen des afrikanischen Kontinents sind reich an »Lebenselementen«, die gute Voraussetzungen für eine inkulturierte Gemeindepraxis und Gemeindetheologie bilden. Christliche Gemeinde wird sich nicht nur in Afrika, sondern überall in der Weltkirche an der je eigenen Lebenswelt der Menschen zu orientieren haben, wenn sie »überlebensfähig« bleiben will.

5. Gemeinde mit asiatischem Gesicht – »Basic Human Communities« in einem multireligiösen Kontext

Wie kann die Kirche in Asien, die in den meisten Ländern dieses Kontinents nur eine kleine Minderheit unter den großen Religionen darstellt und in den letzten Jahren vermehrt Ziel gewalttätiger Angriffe fundamentalistischer Gruppen wird, in diesem religiös und sozial spannungsreichen Kontext ihre Heilssendung verwirklichen und christliche Gemeinde glaubwürdig leben? An dieser Frage setzt das Bemühen vieler asiatischer Ortskirchen um neue Formen einer inkulturierten Gemeindepraxis an, die in ihrer Vielfalt hier nicht einmal umrisshaft beschrieben werden können. So beschränke ich mich auf einige Grundanliegen, wie sie vor allem in Dokumenten der »Föderation der Asiatischen Bischofskonferenzen« (FABC) begegnen.

Was Papst Johannes Paul II. anlässlich seines Besuches in Indien in einer Ansprache an die Vertreter der anderen

Religionen und der anderen christlichen Konfessionen am 7. November 1999 in New Delhi zu bedenken gab, hat wohl als Grundorientierung für jedes christliche Gemeindeleben zu gelten. Der Papst sprach davon, »*dass die katholische Kirche immer tiefer mit den anderen Weltreligionen in Kontakt treten möchte*«, weil der interreligiöse »*Dialog als eine Tat der Liebe, die in Gott selbst ihre Wurzeln hat*«, anzusehen ist. Der Papst sprach von einer »*gemeinsamen Verantwortung für das Wohl der Menschheitsfamilie*«, die allen Weltreligionen bewusst werden müsse[27]. Muss also die Wahrnehmung dieser gemeinsamen Verantwortung aller Weltreligionen nicht auch in einer neuen Form einer »menschlichen und interreligiösen Basisgemeinschaft« ihren Ausdruck finden? – Genau in diese Richtung geht seit Jahren die Weiterentwicklung der Theologie und Praxis der Basisgemeinden im asiatischen Kontext[28].

Die Delegierten der Asiensynode (18. April bis 14. Mai 1998) haben selbstbewusst ihre eigenen ortskirchlichen Erfahrungen artikuliert und dabei klar ihre Überzeugung ausgesprochen, dass die Evangelisierung in Asien sich nur dann als zukunftsfähig erweisen wird, wenn dort weiterhin neue Formen von Kirchesein entstehen und sich entfalten können. Von der Notwendigkeit der Bemühung um »eine Kirche mit einem wahrhaft asiatischen Gesicht« sprach Kardinal Julius Darmaatmadja, der Erzbischof von Jakarta, in seinen Schlussbemerkungen zur Synode. Als Weg dazu nannte er den Aufbau »Kirchlicher Basisgemeinschaften« (»Basic Ecclesial Communities«) und »Menschlicher Basisgemeinschaften« (»Basic Human Communities«), in denen Mitglieder verschiedener Religionen und Konfessionen gemeinsam gegen eine »Kultur der Gewalt und des Todes« um eine »Kultur des Lebens« bemüht sind[29].

In den Dokumenten der »Föderation der Asiatischen Bischofskonferenzen« ist bereits im Jahre 1977 in Hongkong von den Basisgemeinden als den »fundamentalsten kirchlichen Realitäten« (»the most fundamental ecclesial realities«) die Rede, die »in einem wahren Sinn Ortskirchen« sind, weil sie nahe am Leben stehen[30]. Sie seien, so

führt ein anderes Dokument aus dem Jahre 1983 aus, als Antwort der Kirche auf die Herausforderung durch die Armut, ja als Zeichen der Hoffnung dafür zu sehen, dass die Kirche zur Kirche der Armen wird[31]. Die 5. Vollversammlung der FABC in Bandung in Indonesien im Juli 1990 betrachtet die Basisgemeinden als »*eine gesunde Reaktion auf den Zusammenbruch traditioneller Gemeinschaftsstrukturen*« und bringt sie wiederum in Verbindung mit der Option für die Armen als Ausdruck der Sorge der Kirche »*um alle diejenigen, die unbedeutend, vernachlässigt oder verachtet sind*«[32].
Wie in anderen Teilen der Weltkirche wird es auch in allen Ortskirchen Asiens, die sowohl von ihrem je verschiedenen kulturell-religiösen Hintergrund her als durch die sich überstürzenden Auswirkungen der Globalisierung vor ganz neue Herausforderungen gestellt sind, darauf ankommen, ob sie den Mut zu diesem »neuen Weg des Kircheseins« aufbringen, von dem die Dokumente immer wieder sprechen. So gesehen ist es für die Kirche in Asien sicher auch von großer Bedeutung, dass sich Johannes Paul II. selbst im nachsynodalen Schreiben »Ecclesia in Asia« (n. 25,3) – anders als in den entsprechenden Dokumenten nach der Afrika- und Amerikasynode, die die Basisgemeinden und die Kleinen Christlichen Gemeinschaften systematisch verschwiegen hatten[33] – ausdrücklich zu dieser neuen Gemeindeerfahrung bekennt. »*Mit der Synode möchte ich die Kirche in Asien dazu ermutigen, diese Basisgemeinden, wo es möglich ist, als positives Merkmal der evangelisierenden Tätigkeit der Kirche zu betrachten.*«[34]

6. *»Neue geistliche Gemeinschaften und Bewegungen« als Gemeindeerfahrung*

Was bisher vor allem im Blick auf die Kirche in Lateinamerika, Afrika und Asien in den Blick genommen wurde, waren Gemeindeerfahrungen, die bei allem Bemühen um neue inkulturierte Formen des Gemeinschaftslebens doch größtenteils innerhalb der traditionellen Pfarrstruktur angesiedelt bleiben. »Die Pfarre ist und bleibt das Grundmuster aller kirchlichen Gemeinschaft.« Diese Klarstellung von Kardinal Christoph Schönborn[35] gilt nicht nur für die Kirche in Österreich und im deutschsprachigen Raum, sondern behält für die Weltkirche insgesamt ihre Gültigkeit. Die Pfarre ist nach wie vor der »Normalfall« von Gemeindeleben.

Was ist aber dann zu all jenen kirchlichen Gruppen und Gruppierungen zu sagen, die unter dem Sammelbegriff »Neue Geistliche Gemeinschaften und Bewegungen« zusammengefasst werden? Wird nicht gerade in ihnen eine »spannungsreiche Vielfalt von Gemeindeerfahrungen in der Weltkirche« sichtbar, die deshalb im Rahmen unserer Thematik eine besondere Erwähnung verdienen? – Medard Kehl bezeichnet sie als »besonders ausgeprägte Form ... kommunikativer Glaubensmilieus, (die) insofern eine authentische christliche Antwort auf die Herausforderung der gegenwärtigen kulturellen Situation (darstellen), als sie ausdrücklich kirchliche ›Communio‹ unter den Bedingungen moderner Individualisierung zu leben versuchen.«[36] – Paul M. Zulehner hat in einer Diskussion einmal mit Recht den Eindruck geäußert, »dass wir die geistlichen Bewegungen gegen eine Privatisierung des Glaubens brauchen«[37].

Es kann hier nicht um die – zweifellos notwendige – pastoraltheologische Weiterführung der in Österreich und anderswo in Gang gekommenen Debatte gehen, die angesichts der Verschiedenartigkeit der Bewegungen und Gemeinschaften sehr differenziert geführt werden muss, sondern lediglich um diesen einen Aspekt ihrer weltkirchlichen Verbreitung und Bedeutung. Die innerkirchlichen Reaktionen auf diese neue Art christlicher Gemeinschaftserfahrung sind in den Ortskirchen anderer Länder und Kontinente nicht weniger gegensätzlich als bei uns. Sie reichen von begeisterter Zustimmung und amtskirchlicher Förderung bis zu grundsätzlichen theologischen Bedenken und strikter Ablehnung. So wendet man z. B. in Lateinamerika und Afrika weniger gegen die geistlichen Gemeinschaften als vor allem gegen einige große »transnationale« Bewegungen nicht zu Unrecht ein, sie seien Ausdruck einer »kirchlichen Globalisierung«, in der die Wertschätzung kultureller Eigenständigkeit, die Bereitschaft zu

einer inkulturierten Evangelisierung innerhalb einer Ortskirche und die entschiedene Option für die Armen und Unterdrückten zu kurz komme[38].
Solche Anfragen werden inzwischen immer häufiger auch von amtskirchlicher Seite gestellt. Es ist ohne Zweifel auch und gerade im Zusammenhang der auch bei uns oft gestellten Frage nach dem Verhältnis der geistlichen Bewegungen zum »gewöhnlichen« Gemeindeleben in den Pfarren richtungsweisend, dass Papst Johannes Paul II. in seiner Ansprache an die TeilnehmerInnen des Weltkongresses für kirchliche Bewegungen 1998 vermerkte: »*Ich bitte euch, dass ihr ... eure Erfahrungen mit Großherzigkeit und Demut in die Ortskirchen und Pfarrgemeinden einbringt*« [39]. Der Papst erinnert in diesem Zusammenhang an die im nachsynodalen Schreiben »Christifideles laici« (n. 30) gegebenen Richtlinien, wo u. a. unter den Kriterien der Kirchlichkeit von Laienbewegungen die Anerkennung eines legitimen Pluralismus und die »Verpflichtung zu einer engagierten Präsenz in der menschlichen Gesellschaft im Licht der Soziallehre der Kirche« genannt sind. Und an diesen Kriterien werden sowohl Pfarrgemeinden als auch Bewegungen zu messen sein. Ob jemand da oder dort oder in beiden Lebensbereichen christliche Gemeinde verwirklicht: Bereitschaft zur Umkehr, zum Dialog und zu gemeinsamen Lernprozessen wird von allen in der Kirche und immer wieder gefordert sein.

7. Christliche Gemeinden sind spannend

Die Wirklichkeiten christlicher Gemeinden sind von Anfang an vielfältig und spannend, weil sie sich meistens als »bunter Haufen« aus ganz verschiedenen Menschen zusammensetzen und von Ort zu Ort, von Kultur zu Kultur verschiedene Gestalt angenommen haben. Jemand hat einmal gemeint, »eine Pfarre ist kein Schrebergarten«, und hat dann ergänzend hinzugefügt, dass selbst im kleinsten Gärtchen alles Mögliche wachse und manchmal »ins Kraut schieße«. Von einer solchen lebendigen Gemeindevielfalt legt bereits das Neue Testament ein beredtes Zeugnis ab.
Ein Blick über den Zaun der eigenen Pfarrgemeinde und

über die manchmal recht eng gezogenen Grenzen der österreichischen Kirche tut uns gut, nimmt uns die Angst vor neuen Aufbrüchen und lässt uns die Buntheit der Weltkirche nicht als Bedrohung der Einheit, sondern als »typisch katholische« Bereicherung erfahren. Christliche Gemeinde ist jedoch nirgends auf der Welt zu Billigpreisen zu haben. Gemeindeleben ist und bleibt mühevoll und spannungsreich.

Unser Überblick über »Gemeindeentwicklungen«, die sich in den letzten Jahrzehnten auf kontinentaler, nationaler und lokaler Ebene in der Universalkirche abzeichnen, ist bestenfalls ein »Rundflug«, der uns gerade einen oberflächlichen Blick aus weiter Ferne und großer Höhe ermöglicht hat. Damit man jedoch wahrnehmen kann, »was der Geist den Gemeinden (heute) sagt«, muss man hinabsteigen in die Niederungen des Gemeindealltags, dorthin wo »Freude und Hoffnung, Trauer und Angst der Menschen von heute, besonders der Armen und Bedrängten aller Art«[40] wohnen. Dort muss man ein Stück Weg mit den Menschen gehen, um dem Geheimnis christlicher Gemeinde auf die Spur zu kommen, um jene spannende Vielfalt, aber auch jene »Lebensnähe« und »Lebensfreude« mitzubekommen, durch die der Geist Gottes die Gemeinden überall auf der Welt am Leben erhält.

Anmerkungen

[1] H. Steinkamp, Prozesse der Gemeindebildung: Exemplarische Schwierigkeiten in der Bundesrepublik, in: J.B. Metz/P.R. Rottländer (Hg.), Lateinamerika und Europa. Dialog der Theologen, Mainz 1988, 110.
[2] Vgl. dazu F. Weber, Not lehrt handeln. Lateinamerikanische Kirchenerfahrungen als Ermutigung zu einer Neugestaltung unserer Seelsorge, in: H. Windisch (Hg.), Seelsorge neu gestalten. Fragen und Impulse, Graz 1995, 85.
[3] L. Bertsch (Hg.), Was der Geist den Gemeinden sagt. Bausteine einer Ekklesiologie der Ortskirchen, Freiburg – Basel – Wien 1991, 8; vgl. auch ders., Universale Kirche als Communio ecclesiarum. Überlegungen zu einer spannungsgeladenen Neuorientierung in Ekklesiologie und Kirche, TPQ 140 (1992) 109–115.
[4] 2. Vatikanisches Konzil, Dogmatische Konstitution über die Kirche 13.
[5] K. Piepel, Lerngemeinschaft Weltkirche: Lernprozesse in Partnerschaften zwischen Christen der Ersten und der Dritten Welt, Aachen 1993.

[6] 2. Vatikanisches Konzil, Dogmatische Konstitution über die Kirche 26.
[7] Ebd.
[8] Paul VI., Apostolisches Schreiben »Evangelii Nuntiandi« 62.
[9] Ebd. 63.
[10] Ebd.
[11] Vgl. dazu für Lateinamerika: F. Weber, Gewagte Inkulturation. Basisgemeinden in Brasilien. Eine pastoralgeschichtliche Zwischenbilanz, Mainz 1996; zum folgenden Überblick über neue Gemeindeerfahrungen in der Weltkirche: Ders., Basisgemeinden. Kirchengestalt am Beginn des 3. Jahrtausends, in: ZMR 83 (1999) 103–123.
[12] W. Kasper, Art. »Kirche«, in: LThK^3, Bd. 5, 1473.
[13] Vgl. dazu F. Weber, Für oder gegen die Armen? Zur Entstehungs- und Wirkungsgeschichte einer notwendigen Grundentscheidung der Kirche, in: R. Bucher u.a. (Hg.), In Würde leben, Luzern 1998, 192–199.
[14] Medellín, Dokum. 15, n. 13 u. 14.
[15] Ebd.
[16] Puebla n. 96.
[17] Ebd. n. 1138.
[18] Vgl. dazu R. Valle/M. Pitta, Comunidades Eclesiais Católicas. Resultados estatisticas no Brasil, Petrópolis 1994.
[19] Vgl. CNBB, Diretrices 1995–1998, n. 148.
[20] Vgl. F. Weber (Hg.), Frischer Wind aus dem Süden. Impulse aus den Basisgemeinden, Innsbruck – Wien 1998.
[21] Zitiert in: Missio (Hg.), Wir sind Kirche. Kleine Christliche Gemeinschaften in Ostafrika (Missio Reihe 8), Aachen o.J., 4.
[22] Ebd. 9–10.
[23] Ebd. 13.
[24] Vgl. ebd. 17–21.
[25] Zitiert nach: Sekretariat der Deutschen Bischofskonferenz (Hg.), Die Kirche in Afrika und Asien unterwegs ins dritte Jahrtausend, (Stimmen der Weltkirche 31) Bonn 1990, 44.
[26] Vgl. Die Kirche in Afrika und ihre Mission auf das Jahr 2000. Botschaft der Sonderversammlung der Bischofssynode, Weltkirche 4/1994, 104.
[27] Johannes Paul II., Ansprache vor Vertretern verschiedener Religionen und Konfessionen, Homepage Vatikan: http://www.vatikan.va
[28] Vgl. dazu P.L. Chinnapan, Interreligious Faith Formation in the Indian Context, masch. Diss., Innsbruck 1998; ders., Interreligiöse Basisgemeinden im indischen Kontext (Missionszentrale der Franziskaner, Berichte – Dokumente – Kommentare 76), Bonn 1999.
[29] Vgl. Jesus Christus, der Erlöser, und seine Sendung der Liebe und des Dienstes in Asien: »damit sie das Leben haben und es in Fülle haben« (Joh 10, 10). Sonderversammlung der Bischofssynode für Asien, Weltkirche 4/1998, 121.
[30] Zitiert nach G.B. Rosales/C.G. Arévalo (Hg.), For all the Peoples of Asia. Federation of Asian Bishop's Documents from 1970 to 1991, New York – Quezon City 1992, 75–77.
[31] Ebd. 225.
[32] Ebd. 278. Dieses Dokument ist auch in deutscher Sprache veröffent-

licht in: Die Kirche in Afrika und Asien unterwegs ins dritte Jahrtausend (Stimmen der Weltkirche 31), Bonn 1990, 18.
[33] Vgl. dazu F. Weber, Senfkörner und Sauerteig. Widerspruch gegen die Verleugnung der Basisgemeinden, in: Orien 62 (1998) 74–77; 87–90.
[34] Post-synodal Apostolic Exhortation of the Holy Father John Paul II, n. 25, 3: Zitiert nach der englischen Internet Version.
[35] Zitiert nach Kathpress Nr. 54 vom 8./9.3.1999, 2.
[36] M. Kehl, Wohin geht die Kirche? Eine Zeitdiagnose, Freiburg 1996, 153.
[37] Zitiert nach Kathpress Nr. 142 vom 25.6.1999, 5.
[38] Vgl. dazu z. B. P. Richard, Los nuevos movimientos eclesiales de América Latina, in: Missiones Extranjeras 172 (1999) 290–297, bes. 296f.
[39] Zitiert nach ebd. 400.
[40] 2. Vatikanisches Konzil, Pastoralkonstitution. Die Kirche in der Welt von heute 1.

WALTER KIRCHSCHLÄGER

Gott spricht ins Heute
Die Aktualität biblischer Gemeindehoffnungen

1. Einführung: Markierungspunkte

1.1 Aktualisierende Relektüre als Methode
In den Achtzigerjahren des ersten Jahrhunderts schreibt ein gebildeter Heidenchrist namens Lukas eine Schrift über die Geschichte der Wirkmächtigkeit des verkündigten Wortes Gottes. Es ist bereits sein zweites Werk. Schon zuvor hatte er einen Bericht über jene Ereignisse verfasst, die »unter uns [im Jesusgeschehen] zur Erfüllung gekommen waren« – so umreisst er dort im Vorwort das Thema (vgl. Lk 1,1). Er schreibt mit der Absicht, Theophilus und vermutlich dessen Gemeinde »von der Zuverlässigkeit der Verkündigung zu überzeugen, in der du unterwiesen wurdest« (Lk 1,4). Dieses Anliegen darf auch für die zweite Schrift aus der Feder des Lukas angenommen werden, und es ist um ein weiteres zu ergänzen. Generell wurden in der Antike ja Taten und Werke grosser Persönlichkeiten aufgeschrieben, um einerseits ihr Andenken und ihre Bedeutung lebendig zu bewahren; andererseits konnte damit zusätzlich das Ziel verbunden werden, exemplarische Vorbilder vor Augen zu führen und so den Leserinnen und Lesern einen ermahnenden und zugleich ermutigenden Spiegel vor Augen zu halten[1]. Das gilt nun auch für Lukas und für seine »Apostelgeschichte« – wie wir diese Schrift aufgrund der alten Bezeichnung fälschlich bis heute nennen. Denn was der Verfasser hier lebendig halten und ermutigend vor Augen führen möchte, sind nicht die Grosstaten der Apostel (streng genommen nennt er zunächst ja nur Petrus und fallweise Johannes, im zweiten Teil der Schrift dann vorwiegend Paulus – letzterem spricht aber gerade Lukas den Aposteltitel ab!), sondern es ist die Wirkmächtigkeit des Wortes Gottes selbst – der Botschaft also, die von Petrus, Paulus und anderen verkündet wird. Dieses Wort breitet

sich aus, es wird angenommen, um diese Botschaft herum bilden sich nach und nach an verschiedenen Orten die einzelnen Gemeinden. Der Verfasser wird nicht müde, immer wieder und immer neu zu betonen, wer – natürlich unter Heranziehung entsprechender Menschen – als handelndes Subjekt hinter dieser Entwicklung steht: Sei es der erhöhte Herr, sei es der Geist als dynamische Wirkkraft Gottes, sei es Gott selbst[2]. Es sind die Taten Gottes in den entstehenden Kirchen, über welche die zweite Schrift des Lukas also handelt.

Im Zuge dieser ermutigenden Botschaft, dass Gott selbst das Werk der Verkündigung des Wortes vorantreibt – einer Botschaft, welche die Gemeinde des Theophilus ja auch an sich selbst lebendig erfährt – kann die Ermahnung an die eigene Gemeinde nicht fehlen. In den drei Sammelberichten über das Leben der Urkirche (Apg 2,42–47; 4,32–37; 5,12–16) ist prägnant das Lebensprogramm der Kirche von Jerusalem zusammengefasst. Die hier genannten Schwerpunkte einer Vertiefung im religiösen Leben, einer Wahrnehmung von Gütersolidarität, der missionarischen Grundhaltung und Offenheit für Wachstum, der Sensibilität für die Machttaten Gottes und des Zeugnischarakters im eigenen Leben sind unverzichtbare Merkmale einer christlichen Gemeinde[3]. In der ihm eigenen Methodik von *Relektüre der Geschichte im Blick auf seine Gegenwart* macht Lukas seiner Gemeinde deutlich: Nur in solchem Vollzug kann sich eine Gemeinschaft tatsächlich als eine christliche Gemeinschaft finden, eben wenn sie »einmütig verharrt in der Lehre der Apostel, in der Gemeinschaft, im Brechen des Brotes und im Gebet« (vgl. Apg 2,42) und auf dieser Grundlage zwischenmenschlich wirksame Konkretisierungsschritte in ihren Alltag unternimmt[4].

Ohne jeden Abstrich gilt diese lukanische Grundsicht auch 1900 Jahre später. Verschiedentlich und in einzelnen Elementen ist sie in diesen Tagen ja auch immer wieder angesprochen worden. Was der biblische Verfasser in diesen Skizzen zum Gemeindeleben von Jerusalem aufzeigt, erachtet er als unerlässlich und als grundlegend. Deshalb ist der Hinweis darauf auch an den Beginn dieser Ausführungen gestellt. Die Orientierung an diesen Sammelbe-

richten vermittelt gleichzeitig eine Begründung für die Aktualität biblischer Gemeindehoffnungen. Denn was die verschiedenen Verfasser der biblischen Texte zu diesem Thema festhalten, tun sie ja nicht aus einem bloß historischen Interesse, sondern im Blick auf die Gegenwart und Zukunft des Lebens der Kirche. Dabei ist es unerheblich, dass sie wohl kaum in der Dimension von Jahrhunderten oder Jahrtausenden gedacht haben. Entscheidend ist vielmehr ihre eigene Rückbindung an Botschaft und Wirken Jesu Christi. Diese versuchen sie in ihre Gegenwart und Kultur umzusetzen. Nicht nur der Inhalt der Gemeindesummarien ist also auch heute höchst bedeutsam, sondern auch die von Lukas angewandte Methode der aktualisierenden Relektüre. Natürlich wäre es dabei verfehlt, entsprechende Bibeltexte wortwörtlich und somit als Rezepte zu verstehen. Ebenso wäre es jedoch leichtfertig, die prägende und letztlich damit normative Kraft zu übersehen, welche diese Texte für die Kirche jeder Zeit als Orientierungs- und Umsetzungsrahmen beanspruchen können. Das begründet ja auch, warum der biblische Befund überhaupt aufgezeigt werden soll.
In diesem einführenden ersten Teil werden die notwendigen biblisch bezogenen Voraussetzungen benannt, bevor im zweiten Teil eine Skizze davon vorgelegt wird, wie Gemeinde auf der Grundlage der biblischen Botschaft umrissen werden kann. Abschließende Überlegungen für uns heute sind in einem dritten Abschnitt zusammengestellt. Nach dem kurzen Blick in die Apg ist der Rahmen dieser Überlegungen noch mit zwei weiteren Hinweisen abzustecken. Biblisches Sprechen über Gemeinde vollzieht sich innerhalb bestimmter *Markierungspunkte*. Was immer an einzelnen Aussagen dazu gemacht werden kann, bewegt sich innerhalb des so umgrenzten Feldes und erhält dadurch auch seine notwendige Spannung.

1.2 Proklamation des Christusglaubens als Mitte
 von Kirche
Am Beginn seines ersten Schreibens an die Gemeinde von Korinth begrüßt Paulus die Gemeinde in ihrer Würde als getaufte Menschen: »... an die Kirche Gottes, die in

Korinth ist, Geheiligte in Christus Jesus, berufene Heilige« (1 Kor 1,2) und deutet so an, dass Taufe am Beginn der Kirchenwirklichkeit steht. In der Folge stellt der Verfasser diese Kirche von Korinth in Beziehung zu anderen Kirchen und formuliert dabei eine Umschreibung, die den Kern christlich-kirchlicher Existenz festhält: »... mit allen, die den Namen unseres Herrn Jesus Christus [im Bekenntnis] anrufen, bei ihnen und bei uns« (1 Kor 1,2). Wenn wir uns vergegenwärtigen, dass nach paulinischem Verständnis Taufe eine Schicksalsverbundenheit mit Jesus Christus grundlegt (vgl. Röm 6,3–23) und dass in der Formulierung »Herr Jesus Christus« das gesamte Geschehen von Leben, Tod, Auferstehung und Erhöhung Jesu Christi mitklingt, dann wird unmittelbar einsichtig, warum für Paulus das Bekenntnis und die Proklamation dieses Christusglaubens die unverzichtbare Mitte von Kirche darstellt. Diesen Jesus Christus als den Herrn zu bekennen, bezeichnet die Bereitschaft, ihm auch Vorrang im eigenen Leben einzuräumen. Im Zweifelsfall erfordert dies eine Option für das Jesusprofil und die Jesusbotschaft, wobei die Nachfolgegespräche der Evangelien als Orientierung gelten können. Natürlich ist damit nicht ein bloßes Bekenntnis des Wortes gemeint, sondern eine in der Liturgie gefeierte Haltung, die Christinnen und Christen in ihrem Alltag nachleben[5]. Nicht ihr Handeln unterscheidet sich deshalb schon von jenem anderer, aber die Motivation, die Verwurzelung ihres Tuns. Gerade darin sind sie auch genötigt, stets »Rechenschaft zu geben über die Hoffnung, die sie beseelt« (1 Petr 3,15).

Der Glaube an den österlichen Herrn ist die inhaltliche Mitte der christlichen Gemeinde. Er ist Ansatzpunkt für ihre Hoffnung auf Heil (vgl. Röm 10,9) ebenso wie Zeichen des Wirkens von Gottes Geist in ihr (vgl. 1 Kor 12,3). Zugleich ist dieses Bekenntnis das wesentliche Verknüpfungselement mit anderen Kirchen, seien sie in Achaia, in Galatien, in Philippi oder wo immer sonst. Nicht Formen äußerer Übereinstimmung wie Struktur oder Kirchendisziplin können da als verbindend gelten, sondern das Bekenntnis zu Jesus Christus als dem Herrn. Wo eine Gemeinschaft nicht aus dieser Mitte lebt, darin die Verwurzelung für all ihr Tun erkennt und dort ihre vorrangige Priorität setzt, wird sie sich wohl nicht als christliche Gemeinde bezeichnen können[6].

1.3 Solidarität als Ausdruck der Orientierung an Jesus
Dies kann als ein weiterer Markierungspunkt gelten. Er macht zugleich deutlich, dass die Ausrichtung auf Jesus Christus konkrete Folgen hat. Wegweisend dafür ist immer wieder der erste Satz der Pastoralkonstitution über die Kirche in der Welt von heute:
»*Freude und Hoffnung, Trauer und Angst der Menschen von heute, besonders der Armen und Bedrängten aller Art, sind auch Freude und Hoffnung, Trauer und Angst der Jünger [und Jüngerinnen] Christi.*« Orientierung an Jesus ist unausweichlich verbunden mit Solidarität, mit dem Teilen und Mit-Teilen mit und zu den Menschen um uns, und dies nicht in einer freien Beliebigkeit, sondern nach der Art und Weise *Jesu Christi*[7]. Die Jesuserzählungen der Evangelien lehren uns, wovon wir hier sprechen und wie die normative Dimension dieser Solidarität beschaffen ist[8]. Zurecht legt der Konzilstext einen besonderen Akzent auf jene Menschen, die diese Dimension von Gemeinschaft besonders brauchen: die Armen und Bedrängten, und zwar »aller Art«[9]: Jesus von Nazaret hat keinen Menschen ausgeschlossen, er pflegte »offene Tischgemeinschaft«[10] und offene Lebenspraxis, beides war ihm letztlich wichtiger als sein Leben.
Damit ist die Ausgangslage ausreichend gezeichnet: Um über christliche Gemeinde sprechen zu können, ist eine Übereinstimmung in ihrer Christusbezogenheit und der davon abgeleiteten Solidarität unerlässlich. Beides wird in Grundzügen in jenem Modell dargelegt, welches Lukas in der Apg von der Kirche von Jerusalem zeichnet. Ein solches Modell soll nun im Folgenden ein wenig konkretisiert werden. Es enthält auch Elemente, die nicht unbedingt der gegenwärtigen Erfahrung entsprechen. Deswegen ist von Gemeinde*hoffnungen* die Rede, und deswegen wird auch weitgehend im Futur formuliert.

2. Hoffnung auf Gemeinde[11]

Ohne Beachtung einer systematischen Unterscheidung wurde bisher von »Kirche« und von »Gemeinde« gesprochen. Das Neue Testament kennt diese Unterscheidung nicht. Paulus, der hier das älteste Konzept überliefert, spricht grundsätzlich von Kirchen (im Plural), die an konkreten Orten verankert sind (siehe oben: 1 Kor 1,2). Darüber ist als erstes zu verhandeln.

2.1. Die Gemeinde wird der Ort konkreter und konkret möglicher Gottes- und Glaubenserfahrung sein

Kirche wird von Paulus nicht zuerst universal gedacht. Kirche ist vielmehr jene Glaubensgemeinschaft am Ort, in der sich das Feiern und Leben des Glaubens an Jesus Christus mit allen Konsequenzen entfalten kann. Dazu gehört eine entsprechende Vielfalt in der Feier dieser Christusbegegnung ebenso wie eine inkulturierte Umsetzung.

Was über die Kirche von Korinth zu erheben ist, gibt deutliche Aufschlüsse in diese Richtung. Kirche ist zunächst im antiken Hauswesen verortet[12]. In diesem Raum versammelt sich die Gemeinde, dort feiert sie in der Liturgie ihren Glauben, wenn sie das Wort Gottes hört und das Brot bricht[13]. Dort ist dies auch ganzheitlich möglich, mit allen affektiven, intellektuellen und emotionalen Elementen – wenngleich diese bisweilen auch überhand nehmen können (vgl. 1 Kor 14). Die Hauskirche ist der Ort von Glaubenserleben, Ort der tatsächlichen »Gemeinschaft«/*koinonia*, die untereinander geteilt und mitgeteilt wird, Ort auch der diakonalen Sorge, natürlich dann auch der Ort, wo Missstände auftauchen, Konflikte entstehen und ausgetragen werden müssen. Von einer kirchlichen Globalisierung ist bei Paulus nicht die Rede. Einzelne Passagen bei Paulus (vgl. 1 Kor 14,23; Röm 16,23) lassen uns erkennen, dass sich die verschiedenen Hauskirchen zu besonderen Anlässen an einem Ort versammelt haben und so gemeinsam die Kirche einer Stadt bilden, also z. B. die »Kirche Gottes, die in Korinth ist« (1 Kor 1,2). Diese unterscheidet sich in ihrer Struktur von jener in Thessalonich und jener in Philippi, sicher auch von jener in Jerusalem und in Antiochien – in diesen Fällen können wir es jedenfalls nachweisen, darüber hinaus ist es zu erschließen. Kirche ist dabei nach dem Subsidiaritätsprinzip aufgebaut[14]. Die Kirche des Hauses hat nicht teil an der Kirchlichkeit des Ortes oder der Gesamtkirche, sondern umgekehrt. Sie ist im Vollsinn Kirche und nimmt in ihrem Raum die Grundfunktionen von Kirche wahr. Was nicht in ihrem Vermögen liegt, wird auf der Ebene der Kirchenregion aufgegriffen, also z. B. in den »Kirchen [erneut: *Plural*!], die in Galatien sind« (Gal 1,2); oder anders gesagt: Kirche baut sich von unten auf[15]. Gemeinde wird auch in Zukunft auf den »Ort« zentriert sein – wobei dieser verschieden umschrieben werden kann: Stadt, Wohnbereich, Gesinnungsgruppe (biblisch z. B.: der johanneische Kreis als kirchliches Umfeld des JohEv). Nach dem Konzil wurden in einzelnen Pfarreien sogenannte »Sprengelgemeinden« oder »Teilgemeinden« eingerichtet. Ihnen wurde – wie schon die Bezeichnung andeutet – allenfalls eine delegierte Kirchlichkeit zugestanden, sie hatten Teil am Kirche-Sein der größeren (Pfarr-) Gemeinde. Die frühchristliche Zeit denkt genau umgekehrt. Die Grundvollzüge, auch die sakramentalen, werden so umgesetzt, dass sie für die Menschen in der Gemeinde und in deren Umfeld wahrnehmbar, erfahrbar, damit einladend sind. In der Kirche des Ortes kann Orientierung an Jesus ebenso wie notwendige Umkehr authentisch nachvollzogen werden; beides ist einforderbar und damit effektiv für das konkrete Christuszeugnis. Dabei lebt Gemeinde ihre Kirchlichkeit ganz in der Verknüpfung mit anderen Gemeinden, und sie teilt die in ihr verwirklichte Gemeinschaft mit anderen Lokalkirchen[16].

2.2. Grundmerkmal der Gemeinde – ihre Überschaubarkeit

Ein Grundmerkmal der Gemeinde wird ihre Überschaubarkeit sein. Die Dimension der Kirche am Ort ermöglicht es ihr, tatsächlich ein Ort der kleinen Einheit und ein Ort der unmittelbar möglichen Du-Begegnung zu sein. Die Hauskirchen der frühchristlichen Zeit waren in ihrer Größe praktisch von der Möglichkeit der Versammlungsräume bestimmt. Das brachte die notwendige Überschau-

barkeit mit sich. Präzise Zahlenangaben sind kaum möglich, Einordnungen zwischen 50 bis maximal 100 Personen werden aber zutreffend sein. Wurden es mehr, so musste ein neues Haus gefunden werden: Eine neue Kirche des Hauses entstand. Die Gemeinde ist die Kirche des Alltags. Diese muss christliche Glaubenspraxis konkret ermöglichen, den Testfall und Entscheidungsraum im Maßstab 1:1 also. Das ist der Rahmen, in dem meine Söhne verlorengehen (vgl. Lk 15,11–32), in dem ich die Freude über die wiedergefundene Drachme mit anderen teilen kann (vgl. Lk 15,9), wo ich meinem Mitknecht gütig oder unbarmherzig begegne (vgl. Mt 18,23–35), wo ich zur Hochzeit geladen bin – mit oder ohne Ausreden (vgl. Lk 14,15–24). Die Gemeinde wird die Kirche der kleinen Einheit sein, der Ort, wo zwei oder drei, vielleicht dreißig in seinem Namen versammelt sind (vgl. Mt 18,20), wo Christusgegenwart unmittelbar erfahren werden kann und wo Austausch darüber und entsprechendes Teilen des Glaubens geschieht – kurz: geistliches Gespräch. Freilich stellt sich dann auch die Frage, ob sich die Kirche am Ort das tatsächlich zutraut: Christusgegenwart – mit allen Konsequenzen?
Wenn Kirche als Nachfolgegemeinschaft Jesu Christi verstanden wird und daher im Zentrum der Gemeindewirklichkeit die Suche und Pflege einer lebendigen Jesus*beziehung* steht, kann Gemeinde selbst nur in dieser Dimension gedacht werden[17]. Nur Beziehungswirklichkeiten ermöglichen Beziehungsaufbau. Dann müssen aber auch im Gesamtrahmen beziehungsfähige Größen geschaffen werden. Das Bild vom Beziehungs*netz* mag hier etwas weiterhelfen. Es signalisiert die notwendige Vielfalt und Vielzahl. Ein solches Netz hat verschiedene Knoten, stärkere und schwächere; damit ist die Belastung verteilt, sie mag auch variabel sein. Wer heute als Knoten mitträgt, wird morgen von den anderen Knoten mitgehalten. »Einer [und eine] trage des [und der] anderen Last«, sagt Paulus (Gal 6,2). Das Bild steht für Zusammenhalt, für *Mit*einander (nicht *Gegen*einander), für gemeinsames Gelingen, für gemeinsames Mittragen im Versagen. Ein solches Beziehungsnetz kann nicht anonym, sondern es muss konkret sein. Konkretheit aber orientiert sich an der Möglichkeit des Erfahr-

baren. Natürlich muss eingeräumt werden: Solche Beziehungsgrößen können kontextuell verschieden groß und überhaupt verschieden beschaffen sein. Fallweise kann auch mit hunderttausend Menschen Glaube ganzheitlich gefeiert werden, in der alltäglichen Regel aber nicht. Die eigene Erfahrung kann dies bestätigen, und die kritische Überlegung hilft weiter: Wie würden Sie reagieren, wenn Sie jemand zu einer Gemeinschaftsfeier einlädt – zunächst ist noch gar keine Rede von einer Tischgemeinschaft! – und Sie dann zusammen mit vielen, vielen anderen mit einer Sitzanordnung konfrontiert, die am ehesten einer adaptierten Kino- oder Theaterbestuhlung gleicht?[18] Das ist weder attraktiv, noch einladend, noch vor allem der liturgischen Feier entsprechend, die ein Gemeinschaftsmahl ist und von der gesagt wird, sie sei Grundlage und impulsgebend für den »Weltbezug«[19] der Gemeinde und ihre diakonale Dimension. Handlungsbedarf ist also angesagt. Der Kern des Problems liegt aber auf einer anderen Ebene, die auch in diesem Zusammenhang erneut anzusprechen ist.

2.3. Die Kirche am Ort wird ihre Dienste nach Bedarf und Möglichkeit strukturieren und einsetzen

Der diesbezügliche biblische Befund darf als bekannt vorausgesetzt und kann daher bloß in seinen Grundzügen referiert werden[20]: Die frühchristlichen Gemeinden weisen sehr unterschiedliche Strukturen auf. Die Ausgestaltung der Dienste erfolgt in enger Einbindung in das kultur-religiöse Umfeld und ist von großer Vielfalt bestimmt. Dabei wird offenkundig den Notwendigkeiten der einzelnen Gemeinden Rechnung getragen. Die Festlegung auf drei Dienststufen erfolgt ausgangs der neutestamentlichen Zeit, ihre hierarchische Zuordnung ist erst in der frühen Väterzeit (anfangs des 2. Jh.) nachweisbar. Als Hintergrund für die angetroffene Verschiedenheit kann neben dem lokalkirchlichen Prinzip die Umsetzung und Anwendung der Idee von der Kirche als Leib (Christi) angenommen werden (vgl. 1 Kor 12,4–31; Röm 12,3–8). Darin wird die Notwendigkeit verschiedener Aufgaben und Dienste vorausgesetzt, die einander zugeordnet sind und sich verschieden

entfalten. Grundlage dafür ist das Handeln Gottes in der Zuteilung der verschiedenen Gnadengaben, die in all ihrer Vielfalt dem Wirken des einen Geistes entstammen. Bekanntlich lässt sich anhand des biblischen Befundes keine grundsätzliche Einschränkung der Befähigung zu Diensten in der Kirche aufgrund von Geschlecht oder Lebensstand belegen[21]. Diese kann erst in der späteren Überlieferung der Kirche aufgezeigt werden. Entsprechende kirchendisziplinäre Einschränkungen müssen daher mit der Anmerkung versehen werden, dass sie sich nicht auf Absicht und Handeln Jesu oder der frühen Kirche – und somit nicht auf den biblischen Befund – berufen und demnach keinen Anspruch auf ausschließliche Allgemeingültigkeit erheben können. Ähnliches ist für die gegenwärtige Entfaltung in drei sakramentale Dienste zu sagen. Obgleich deren legitime Ableitung aus der neutestamentlichen Tradition nicht in Frage zu ziehen ist, bestehen doch erhebliche Bedenken im Blick auf ihr Verständnis als für alle Zeiten unveränderlich einzige Strukturform von Kirche[22]. Bei entsprechenden Festlegungen wird völlig außer Acht gelassen, dass in der neutestamentlichen Tradition das Thema der Gemeindeleitung und des Eucharistievorsitzes nicht problematisiert wird. Diese Beobachtung ist im vorliegenden Zusammenhang jedoch von erheblicher Bedeutung. Lediglich an einer einzigen Textstelle geht im Neuen Testament hervor, wer der Eucharistie vorsteht: Es ist jene nächtliche Feier in Troas, die Paulus leitet (vgl. Apg 20,7-11). Sonst bleibt die Frage im Hintergrund – ein Indiz dafür, dass sie sehr pragmatisch gelöst wurde. Nun gibt es zahlreiche Hinweise und Gründe dafür, Eucharistievorsitz und Leitung der Gemeinde in Personalunion zu sehen (unabhängig davon, ob diese Aufgabe kollegial oder von Einzelpersonen wahrgenommen wurde)[23]. Zugleich ist zumindest für die paulinischen Gemeinden davon auszugehen, dass sowohl Frauen als auch Männer an der Spitze von Hauskirchen, dem Ort regelmäßigen sakramentalen Lebens, standen[24].
Die Ortskirchen werden neu über ihre Strukturen nachdenken und diese neu ordnen[25], und sie werden es in regionaler Vielfalt tun. Im ersten Jahrzehnt nach dem Konzil

hat der damalige Bischof von Rom erste Schritte in diese Richtung getan[26], seit dem Konzil haben bedeutende Theologen dazu aufgefordert, über die Strukturierung des Weihedienstes neu nachzudenken[27]. Der gegenwärtige Bischof von Rom hat zwar die von seinem Vor-Vorgänger eingeräumten Möglichkeiten de facto wieder zurückgenommen[28], auf der anderen Ebene des Leitungsdienstes der Universalkirche aber zumindest dazu angeregt, neue Überlegungen anzustellen[29]. Für die Kirchen am Ort wird diese Frage besondere Dringlichkeit haben. Denn das zuvor genannte Prinzip der Überschaubarkeit, ja überhaupt das Leben der Ortskirchen steht und fällt damit, dass Menschen durch Gebet und Handauflegung, also sakramental, mit entsprechenden Diensten der Leitung und des Eucharistievorsitzes, der Verkündigung, des diakonalen Dienstes und allenfalls anderer Aufgaben in der Gemeinde beauftragt und gesendet werden können[30]. Mit ein wesentlicher Grund für unseren gegenwärtigen Personalengpass, der gerne als Priester-»Mangel« umschrieben wird, ist ja nicht so sehr ein Mangel an Berufungen, sondern der Mangel an Akzeptanz von Berufungen durch die Kirchenleitungen auf verschiedenen Ebenen.
Eine Diskussion über die Zulassungsbedingungen zu den Weihediensten ist bestenfalls das Vorfeld für eine grundlegende Reflexion darüber, welche sakramentalen Dienste eine Kirche des Ortes dafür benötigt, damit sie als Kirche leben kann. Das werden nicht überall die gleichen sein[31]. Denn die Kirche eines Hauses oder einer Wohnsiedlung wird andere Dienste in Anspruch nehmen als jene in einem Dorf oder als die in einem zentralen Ort, wo mehrere Klein-Kirchen sich von Zeit zu Zeit gemeinsam versammeln – gar nicht zu sprechen von den unterschiedlichen geistgeprägten Begabungen und Bedürfnissen auf verschiedenen Kontinenten und in verschiedenen Kulturräumen. Eine größere Vielfalt der mittels Gebet und Handauflegung übertragenen Dienste ist also angesagt. Es werden mehr sein als drei, und sie werden sehr verschieden sein[32]. Konsequent ist in diesem Zusammenhang nicht von »Ämtern« zu sprechen, sondern von »Diensten«: Nicht nur, weil sich das Wort »Amt« vom Westgotischen *ambah-*

ti entwickelt hat, das wörtlich »Dienst« bedeutet, sondern vor allem deshalb, weil in diesen besonderen Aufgaben deutlicher als anderswo der Dienstcharakter der Jesusgemeinschaft ablesbar sein muss. Autorität in der Kirche leitet sich nicht von einer besonderen Aufgabe und der damit verbundenen Stellung ab, sondern von der Glaubwürdigkeit des eigenen Bemühens um diese Haltung des Dienens. Die Fußwaschungserzählung mit der damit verbundenen Deutung (vgl. Joh 13,1–17) sowie die entsprechende Mahnung Jesu an seine Jünger, sich gerade in diesem Punkt von der Welt zu unterscheiden (Mk 10,43: »Nicht ist es so unter euch!«), verdeutlichen dies[33]. Christliche Gemeinde wird der Ort sein, wo diese Grundhaltung von Christinnen und Christen erfahren werden kann – oder es wird keine christliche Gemeinde sein.

2.4. Gemeinde wird nicht der Ort von Klerus und Laien sein, sondern Lebensraum des Volkes Gottes, das unterwegs ist

Gemeinde und ihre Dienste werden noch weit stärker zusammenwachsen. Gerade in diesem Bereich wird es in Zukunft um eine Rückkehr zu den Anfängen der Kirche gehen, um so eine sehr lange anhaltende, aber letztlich verhängnisvolle Fehlentwicklung zu bereinigen.
Es ist bezeichnend, dass in den neutestamentlichen Schriften der klassische, kultbezogene Begriff »Priester« [*iereus*] neben der Verwendung für jüdische Autoritäten in erster Linie für Jesus Christus selbst herangezogen wird – und dies in der relativ späten, sehr pointierten Deutung seiner Person im Hebr, für welche die jüdische Tradition Pate gestanden hat[34]. Jesus selbst und die nachösterlichen Kirchen haben das Kultpriestertum nie mit vorösterlichen Aufgaben oder sodann mit nachösterlichen Leitungsdiensten in den Gemeinden in Beziehung gebracht[35]. Dass ab dem 3. Jh. der Begriff *presbyteros*, der analog zum jüdischen Verständnis[36] gerade nicht den Kultpriester umschrieb, auf dem Umweg über die lateinische Übersetzung *sacerdos* und im Zuge der Parallelisierung des jüdischen und christlichen Amtes als »Priester« gedeutet wurde, ist ein verhängnisvolles Erbe[37]. Damit wurde die Gegenüber-

stellung von Kultdiener und Leviten einerseits und dem übrigen Volk andererseits, wie sie sich in der jüdischen Tradition findet, weitergeführt. Etwas abgewandelt muss man hier sagen: Von Anfang an war es nicht so. Die Jesusbewegung und die frühen nachösterlichen Kirchen lassen diese Zweiteilung in Dienstträger und andere Menschen nicht erkennen[38]. Die Gegenüberstellung von Klerus und Laien begegnet erstmals um die Wende zum 2. Jh[39]. Davor ist von einem *laos* die Rede, von einem (Bundes-)Volk also. Wer diesem angehört, ist ein *laikos*, ein Laie: zugehörig zum Volk Gottes. Weder der ihm oder ihr übertragene Dienst (samt damit verbundener Bezeichnung) noch die Beauftragung mittels Gebet und Handauflegung – die sakramentale Sendung also – machen sie oder ihn zu einer oder einem anderen. Glied des Volkes Gottes zu sein (in *diesem* Sinne also: Laiin und Laie) und als getaufte Menschen Töchter und Söhne Gottes, ist alle Würde und alle Wesensumschreibung, die für Christinnen und Christen möglich ist. Zu dieser Einheit des Volkes Gottes, das als pilgernde Gemeinschaft unterwegs ist, werden die vielen Kirchen des Ortes wieder zurückfinden[40]. Darin ist die vielfältige Einheit des Leibes Christi grundgelegt, darin auch die Überzeugung des Paulus, der die Einheit der Getauften aufgrund ihrer Christusgemeinschaft als so prägend erachtet, dass sie alle bestehenden Unterschiede relativiert und zunichte macht (vgl. Gal 3,26–28). Um etwaigen Einwänden und um allen möglichen Missverständnissen vorzubeugen: Es geht nicht um ein Plädoyer zur Abschaffung des sakramentalen Dienstes in der Kirche – im Gegenteil! Dienste in der Kirche sind aufgrund sakramentaler Beauftragung wahrzunehmen und auszuüben. Die Unterscheidung allerdings in verschiedene Stände innerhalb der Gemeinschaft der Getauften lässt sich biblisch nicht belegen, und sie muss daher überwunden werden. Dies wird dazu führen, dass Dienste und Gemeinde näher zusammenrücken, dass Dienste als Funktion aus und für die Gemeinde verstanden und erfahren werden und so eine umfassende Einheit und Gemeinschaft in den Gemeinden gefördert wird. Gerade der jüdisch-biblische Hintergrund vom wandernden Gottesvolk, wie ihn das

Konzil in der Kirchenkonstitution (Art. 9) aufgenommen hat, erinnert daran, dass Gemeinde einen Prozess darstellt, der nicht abgeschlossen ist[41]. Der Wegcharakter von Kirche erinnert an die Notwendigkeit des immer neuen Aufbruchs und Anfangs und der damit verbundenen Offenheit[42]. Das bedeutet auch, dass neue Formen des Gemeindelebens und -feierns für Menschen gesucht werden, die am Anfang ihres Weges mit und in der Gemeinde stehen. Kirche als Weggemeinschaft darf sich darauf verlassen, dass sie keine Leistungsgemeinschaft sein muss, sondern vom Wirken des Geistes und seinem Beistand leben darf, wenn und insoweit sie diesen Geist wirken lässt. Eine wachsame Gelassenheit gehört zum Grundbestand christlicher Tugenden. Die heute erkennbare Angst um die rechte Kirche und der Zwang, sie selbst bewahren zu müssen, vertragen sich nicht mit dem Vertrauen auf das Wirken des Geistes. Immer wieder ist daher der von Johannes XXIII. überlieferte Ausspruch wegweisend: »Giovanni, nimm dich nicht so wichtig: Du bist ja nur Papst.«
Als Weggemeinschaft wird sich die Gemeinde zwar generell auf die Getauften beziehen, sie wird aber offene Ränder haben. Ausgrenzungen entsprechen nicht der Jesuspraxis. Das erfordert Respekt vor der Entscheidung zur (Noch-)Distanz sowie eine grundsätzlich offene und vor allem positiv eingestellte Haltung gegenüber den Menschen, die vom Verhalten Jesu gelernt werden kann. Nicht Gebot, Abgrenzung und vermitteltes schlechtes Gewissen führen zur Gemeinschaft, sondern die Einladung – bisweilen unausgesprochen, aber spürbar. Der vorwurfsvolle Blick nach draußen gehört mitsamt der damit verbundenen Geisteshaltung zu den Grundversuchungen von Kirche. Die Spannung zwischen der notwendigen Breite und der ebenfalls notwendigen Vertiefung wird die Dynamik der Gemeinde erhöhen und sie zugleich unterwegs halten. Mit diesen nun gesammelten Konturen kann abschließend in die Zukunft geblickt werden:

3. Zukünftige Gemeinde

Das Ziel dieser Überlegungen können keine fertigen Lösungen sein, sondern allenfalls Impulse für eine neue Spur. Innerhalb des Rahmens der eingangs skizzierten Markierungspunkte und auf deren Grundlage ergeben sich vor dem Hintergrund des biblischen Befundes verschiedene solche Anregungen für das Morgen der Gemeinden.
Diese Gemeinden werden nicht identisch sein mit den heutigen Pfarreien. Nicht nur das Postulat der Überschaubarkeit spricht dagegen. Aus und in den Pfarreien müssen Gemeinden werden, Gemeinschaften also, in denen Glaubensvollzug im Kontext der jeweils sich verändernden Gesellschaft gelebt werden kann. Auch das ist ein Weg. Manche der aufgezeigten Punkte können nicht allein umgesetzt werden, für andere aber braucht es lediglich die Initiative vor Ort, den Aufbruch, die Änderung von Grundhaltung und Gesinnung – etwa dort, wo es um die Bestellung und allenfalls auch liturgische Sendung von Mitarbeiterinnen und Mitarbeitern geht, oder in der Suche und im Bemühen um die christusbezogene Mitte der Gemeinde, um einen geschwisterlichen Leitungsstil, um das bewusste Aufspüren, Fördern und Einbinden von Geistesgaben in Verbindung mit einer Analyse über das in der Gemeinde Notwendige usw. Dazu braucht es alle Ermutigung. Wenn Gemeinde leben wird, wird sie in der Atmosphäre des Geistes leben, deshalb also, weil hier getaufte Menschen unterwegs sind. Die Aufforderung des Paulus, dem Geist Raum zu geben und ihn nicht auszulöschen (vgl. 1 Thess 5,19), gilt auch und gerade hier. Mag sein, dass all dies streckenweise als eine hoffnungslose Utopie erscheint. Aber ohne Zweifel: Änderungen und Entwicklungen stehen bevor, mehr noch: Ein *Paradigmenwechsel* bahnt sich an, und er ist unerlässlich[43]. Das Bild vom Sturmwind ist hier hilfreich und illustrativ. Dieser Sturm war »gewaltig«, er kam »plötzlich«, und er hätte das Boot zum Kentern gebracht, wäre da nicht Jesus Christus gewesen (vgl. Mk 4,35–41). Dann aber: »Warum habt ihr solche Angst? Habt ihr noch keinen Glauben?« (Mk 4,40) Wer hätte im Jahre 1958 gedacht, dass vier Jahre später ein

umwälzendes Konzil beginnen wird? – Eine zweite Frage steht da aber ebenso an: Wo sind heute die Neuausgaben jener vier Bischöfe zu finden, die im Oktober 1962 gemeinsam gegen die Absichten der römischen Zentralverwaltung das Konzil gekippt haben[44]? Und diese Frage ist mitnichten rhetorisch!

Mag auch sein, dass diese Überlegungen den Eindruck begünstigen, dies alles sei nicht mehr so recht innerhalb der Bandbreite des katholischen Kirchenverständnisses anzusiedeln. Jede und jeder von uns wird in den kommenden Jahren angesichts einer Vielfalt von Positionen vor die Entscheidung gestellt sein, welche Auslegeordnung für das eigene kirchliche Handeln für sie und ihn Verbindlichkeit behalten wird. »Zur Freiheit hat uns Christus befreit«, ruft Paulus den galatischen Kirchen zu (Gal 5,1), und er erläutert ihnen umgehend, was er damit meint: Eine Norm nur um ihretwillen zu befolgen, ohne ersichtlichen Bezug zum Christusgeschehen, lässt die Bedeutung von Person, Wirken, Tod und Auferstehung Jesu verblassen (vgl. Gal 5,2–6). Nicht alles, was sich uns heute in der Kirche als normativ präsentiert, ist als solches untereinander vereinbar. Biblischer Befund, Tradition, Kirchenrecht und Weltkatechismus weisen zwar Schnittmengen, aber keine Deckungsgleichheit auf – nicht zu sprechen von anderen Positionen, die als lehramtlich vermittelt werden. Anders als früher werden hier verantwortete Optionen – und zwar für jede und jeden von uns! – unerlässlich sein[45]. Nicht nur als Bibliker nehme ich in Anspruch, vom biblischen Befund auszugehen. Es ist dieser vielmehr jene Grundlage, an der sich wohl alles weitere orientieren muss, will es sich tatsächlich auf eine im Christusgeschehen erkennbare Absicht Gottes berufen[46].

Kirchliche Gemeinde ist weder heute noch morgen ein fertiges Produkt. Sie darf eine Hoffnungsgemeinschaft sein, die sich – getragen von der Zusage Jesu Christi – auf den Weg zur Fülle der Christusgemeinschaft macht. Dabei wird es ihr gut anstehen, wenn sie bestimmte *Kernpunkte* im Blick behält. Sie wurden zwischen den Zeilen angesprochen, seien aber abschließend ausdrücklich genannt und zusammengestellt[47]:

Zukünftige Gemeinde wird verwurzelt sein im *Christusglauben*. Sie wird in Orientierung an Jesus als eine *Beziehungs*gemeinschaft leben, geprägt von den Grundhaltungen von *Liebe* und *Dienst*. Das wird nicht ausschließen, dass sie mit *aufrechtem Gang* ihre Herausforderungen bewältigt und dort »ins Angesicht« widersteht (vgl. Gal 2,14), wo es um die in Jesus Christus personifizierte Botschaft von der Liebe Gottes geht. Sie wird sich um die Haltung der *Geschwisterlichkeit* bemühen – nicht, um Konflikte vorschnell unter den Tisch zu kehren und einer vereinfachenden Gleichmacherei Vorschub zu leisten, sondern um ihr ureigenes Wesen lebendig zu verwirklichen, nämlich Töchter und Söhne Gottes und Schwestern und Brüder Jesu Christi zu sein. Sie wird dieses *Heil* Gottes, das ihr im Christusgeschehen zugesprochen wurde, gemeinsam *feiern* und so für sich und für alle Menschen lebendig halten, um deutlich zu machen, dass sie aufgrund der Zusage Gottes in sich eine *Hoffnung* trägt, die über diese Welt hinaus weist, die es ihr erlaubt, selbst fragmentarisch zu sein, weil sie die Fülle des Heils nicht von sich selbst einfordern muss, sondern geschenkhaft von diesem guten, den Menschen zugewendeten Gott erwarten darf. In diesem Sinn wird sie *missionarisch* sein, einfach gegenwärtig unter allen Menschen, um unaufdringlich *Zeugnis* zu geben von ihrem Vertrauen auf die Treue des einen Gottes Jahwe, des Gottes Abrahams, Isaaks und Jakobs: Er hat seine Liebe in Jesus Christus personifiziert, damit im Leben, im Tod und in der Auferstehung Jesu Christi und sodann, in Folge davon, in seiner und durch seine Nachfolgegemeinschaft erfahrbar werde, was die Identität dieses Gottes ausmacht: Jahwe – ein *pro-existenter* Gott, ein Gott *für uns*. Dorthin sind die Gemeinden unterwegs. So kann, so wird sie werden: Kirche, und zwar auf katholisch.
Die vorgelegten Überlegungen sind von verschiedenen Spannungen mitbestimmt – der Spannung von gegenwärtiger Situation und Zukunftshoffnung, der eschatologischen Spannung des »Schon« und des »Noch-Nicht«, der Spannung zwischen der Treue zur Jesusverkündigung und der Erfahrung eigener Fragilität und eigener Defizite in

der Verwirklichung dieses Anspruchs – um nur einige zu nennen.
Das Bild einer gespannten Feder erschließt das damit verbundene Potential: So lange die Feder an beiden Enden in Spannung befestigt bleibt, vibriert sie, ist sie beweglich, lebendig, dynamisch. Zwar muss sie verschiedene, gegensätzliche Kräfte an sich aushalten, kann so aber auch erheblich Energie frei setzen. Sobald sich die Feder an einem Befestigungspunkt löst oder losgemacht wird, schnellt sie an den anderen. Dort ist sie dann zwar voll zugegen, fällt aber zugleich kraftlos zu Boden. Ihre einseitige Festlegung hat Wirkungslosigkeit, ja Leblosigkeit zur Folge. Impulse sind von ihr nicht mehr zu erwarten – wobei es beliebig ist, an welchem Ende sie noch festgemacht bleibt.
Mein Wunsch und meine Hoffnung: Nicht zu schnell los zu machen an einem Extrempunkt, sondern in der Spannung zu bleiben. Nur dann gibt es eine Zukunft für unsere Gemeinden.

Anmerkungen

[1] Vgl. dazu U. Wendel, Gemeinde in Kraft. Das Gemeindeverständnis in den Summarien der Apostelgeschichte, Neukirchen 1998, hier 116–119.
[2] Dabei hat es den Anschein, dass die Subjektbezeichnung (Gott, Jesus Christus, der Geist) für Lukas (noch) fließend ist. Vgl. z.B. die Subjektfolgen in Apg 8,26.39, sowie in Apg 10, 13.15.19.20.22.28.30.44; 11, 17.18 und öfters. Die sachliche Grundlage für diese Vielfalt könnte Apg 2,33 bilden: Gott hat Jesus zu seiner Rechten erhöht; dieser hat den vom Vater empfangenen Geist auf die Glaubenden ausgegossen. Vgl. dazu W. Kirchschläger, »Im Namen Jesu Christi, des Nazareners...« (Apg 3,6). Kontinuität als ekklesiologisches Anliegen des Lukas in der Apostelgeschichte: Kirche. Kultur. Kommunikation. FS P. Henrici. Hrsg. v. U. Fink/R. Zihlmann, Zürich 1998, 209–219, bes. 218–219.
[3] Im einzelnen dargelegt bei Wendel, Gemeinde (Anm. 1) 111–272; vgl. dazu J. Gnilka, Die frühen Christen. Ursprünge und Anfang der Kirche (HThKNT Suppl. VII), Freiburg 1999, 251–254; Th. Söding, Blick zurück nach vorn. Bilder lebendiger Gemeinden im Neuen Testament, Freiburg 1997, 81–88, bes. 83–84; klassisch dazu H. Zimmermann, Die Sammelberichte der Apostelgeschichte: BZ 5 (1961) 71–82; des weiteren A. Weiser, Die betende Urgemeinde: ders., Studien zu Christsein und Kirche (SBAB 9), Stuttgart 1990, 175–184; W. Kirchschläger, Die Entwicklung von Kirche und Kirchenstruktur zur neutestamentlichen

Zeit: Aufstieg und Niedergang der römischen Welt. Hrsg. v. H. Temporini/W. Haase. Bd. 26/2, Berlin 1995, 1277–1356, hier bes. 1310 mit Anm. 135.

[4] Vgl. L. Schenke, Die Urgemeinde, Stuttgart 1990, hier 88–99; N. Scholl, Frohbotschaft statt Drohbotschaft. Die biblischen Grundlagen des Kirchenvolks-Begehrens, Graz 1997, 130–133.

[5] »Auftrag an die Christen wäre es, Christus lebendig zu machen«: So F. König in einem Interview: Antonius-Freund 181 (Dezember 1999) 10. Vgl. auch W. Kirchschläger, Kirche als Nachfolgegemeinschaft Jesu Christi. Dynamik im Kontext als Grundmerkmal für das Leben von Kirche: Diakonia 28 (1997) 394–398. Dazu in diesem Band auch den Beitrag von O. Fuchs, Abschnitt 1.

[6] Vgl. W. Kirchschläger, Bleibendes und Veränderbares in der Kirche. Ein biblischer Beitrag zur Systemanalyse: Pfarrei in der Postmoderne? Gemeindebildung in nachchristlicher Zeit. FS L. Karrer. Hrsg. v. A. Schifferle, Freiburg 1997, 129–139, hier 131–135.137; ders., Pluralität und inkulturierte Kreativität. Biblische Parameter zur Struktur von Kirche (Luzerner Hochschulreden 1), Luzern 1998, hier 12–14 [auch zugänglich in: SKZ 165 (1997) 778–786, hier 784–785].

[7] Der Bezug auf Jesus Christus ist hier unerlässlich. Denn er impliziert die radikale Dimension dieser Solidarität. Dies ist mit Nachdruck aufgezeigt in Beitrag von O. Fuchs, Solidarisierung bis zum äußersten!?: Frischer Wind aus dem Süden. Hrsg. v. F. Weber, Innsbruck 1998, 119–135; autobiographisch dargestellt von E. Kräutler, Mein Leben ist wie der Amazonas, Salzburg 1992.

[8] Vgl. dazu J. Becker, Jesus von Nazaret, Berlin 1996, bes. 176–194; J. Gnilka, Jesus von Nazareth – Botschaft und Geschichte (HThKNT Suppl. III), Freiburg 1990, bes. 87–193.

[9] In einem gewissen Sinn ist diese Solidarität das zentrale Thema von Kirche als Volk Gottes. Vgl. dazu A.Qu. Magana, Ekklesiologie in der Theologie der Befreiung: Mysterium Liberationis. Hrsg. v. I. Ellacuria/J. Sobrino, Bd. I., Luzern 1995, 243–261, hier bes. 251–259.

[10] Die Formulierung stammt von F. Annen: »Sie hielten fest am Brotbrechen« (Apg 2,42): Sonntag – der Kirche liebstes Sorgenkind. Hrsg. v. H. Halter, Zürich 1982, 102–122, hier 115.

[11] Anregungen zu diesem Abschnitt, insbesondere zu 2.1 und 2.2, verdanke ich den anderen Mitgliedern einer Arbeitsgruppe der Regionaldekanenkonferenz des Bistums Basel, mit denen ich im Sommer und Herbst 1999 über »Biblische Leitlinien für Gemeinde« arbeiten durfte: die Regionaldekane E. Häring (Thurgau), M. Hofer (Luzern), A. Sacchi (Zug), D. Theurillat (Jura, jetzt Weihbischof im Bistum Basel), sowie H.R. Häussermann (Pastoralamtsleiter des Bistums Basel).

[12] Aufgezeigt bei A. Weiser, Evangelisierung im »Haus«: BZ 34 (1990) 63–86; R. Reck, Kommunikation und Gemeindeaufbau (SBB 22), Stuttgart 1991, hier 235–237.

[13] Vgl. grundlegend dazu H. J. Klauck, Hausgemeinde und Hauskirche im frühen Christentum (SBS 103), Stuttgart 1981, bes. 30-31.

[14] Zur Herleitung und Begründung auf der Grundlage des Bildes vom Leib Christi vgl. in diesem Band den Beitrag von J. Werbick, Abschnitt 3.

[15] In der lokalen Gemeinde deutet sich die Wirklichkeit einer umfassenden *ekklesia* an: So schon H. Schlier, Die Wesenszüge der Kirche nach paulinischen Briefen: Mysterium Salutis. Hrsg. v. J. Feiner/M. Löhrer, Bd. 4.1, Zürich 1972, 153–157. Zurecht diagnostiziert M. Kehl heute ein »Ungleichgewicht zwischen Universalkirche und Einzelkirchen«: Wohin geht die Kirche, Freiburg 1996, 80–98 (Zitat: Titel des Abschnitts). Vgl. auch die systematisch-theologischen Hinweise auf die ekklesiologische Bedeutung der notwendigen Inkulturation bei F. Gmainer-Pranzl, Verheißene Einheit und fragmentarische Identität: ThPQ 148 (2000) 33–44, hier 34–38, sowie die kritische Situationsanalyse bei K. Koch, Das Bistum Basel in der Spannung zwischen ortskirchlichem Aufbruch und weltkirchlicher Einbindung: ders., Zeit-Zeichen. Kleine Beiträge zur heutigen Glaubenssituation, Fribourg 1998, 93–99.

[16] Ausführlich dazu J. Kremer, Viele »Kirchen« – eine »Kirche«. Biblische Aussagen und ihre frühchristliche Wirkungsgeschichte: Zentralismus statt Kollegialität? Hrsg. v. F. König, Düsseldorf 1990, 16–54; vgl. auch K. Kertelge, Koinonia und Einheit der Kirche nach dem Neuen Testament: Communio Sanctorum. FS P.W. Scheele. Hrsg. v. J. Schreiner/K. Wittstadt, Würzburg 1988, 53–67, hier bes. 55–58.

[17] Vgl. R. Reck, Kommunikation (Anm. 12) 217–218. Die Qualität von Beziehung gibt die neutestamentliche Reflexion selbst vor. Vgl. dazu J. Ernst, Die mystische Dimension von Kirche. »Bleibt in mir, und ich bleibe in euch« (Joh 15, 4): Kirche der Zukunft – Zukunft der Kirche. Hrsg. v. J. Ernst, Paderborn 1997, 77–94, bes. 83–90; vgl. auch M.-L. Gubler, Das »Dialogprinzip« in den neutestamentlichen Gemeinden: Dialogische Kirche – Kirche im Dialog. Hrsg. v. J. Pfammatter/E. Christen (ThB 22), Fribourg 1996, 11–43. M. Kehl, Wohin geht die Kirche (Anm. 15) 150–153, betont die neue Bedeutung des Beziehungsfaktors im kirchlichen Bewusstsein. Vgl. dazu in diesem Band den Beitrag von F. Weber, bes. Abschnitt 4.

[18] Mit dem dahinter stehenden Grundproblem setzt sich K. Richter auseinander: Kirchenräume und Kirchenträume, Freiburg 1999.

[19] Vgl. in diesem Band den Beitrag von J. Werbick, Abschnitt 2.

[20] Aus der unüberschaubaren Literatur sei verwiesen auf W. Trilling, Zum »Amt« im Neuen Testament; ders., Studien zur Jesusüberlieferung (SBAB 1), Stuttgart 1988, 333–364; W. Beilner, Amt und Dienst – Umbruch als Chance. Aus dem Neuen Testament dazulernen: Amt und Dienst. Umbruch als Chance. Hrsg. v. W. Krieger/A. Schwarz, Würzburg 1996, 34–60; W. Kirchschläger, Entwicklung (Anm. 3) 1284–1300.1308–1322.1330–1332.1334–1337 (dort auch weitere Lit.).

[21] Vgl. dazu den von W. Groß herausgegebenen Sammelband: Frauenordination. Stand der Diskussion in der katholischen Kirche, München 1996.

[22] Dazu J.M. Castillo, Priesteramt, Bischofsamt, Papstamt: Mysterium Liberationis (Anm. 9) Bd. II, Luzern 1996, 929–949, hier bes. 941–944; W. Kirchschläger, Bleibendes und Veränderbares (Anm. 6) 135–137. Dabei ist präzise zu unterscheiden zwischen der Struktur *an sich* und der konkreten *Entfaltung* von Kirchenstruktur!

[23] Vgl. W. Kirchschläger, Begründung und Formen des liturgischen Lei-

tungsdienstes in den Schriften des Neuen Testaments: Wie weit trägt das gemeinsame Priestertum? Hrsg. v. M. Klöckner und K. Richter (QD 171), Freiburg 1998, 20–45.

[24] Das deutliche Indiz dafür, dass in den paulinischen Gemeinden Frauen apostolische Verantwortung trugen, findet sich neben der grundsätzlichen Aussage von Gal 3, 26–28 in der Art der Nennung von Frauen in der Grußliste des Röm: vgl. Röm 16, 1–16, bes. V 1–2.6.12.

[25] Ein Modell dafür findet sich bei W. Kirchschläger, Pluralität (Anm. 6), bes. 15– 16, bzw. 785–786.

[26] Vgl. Paul VI., Motu Proprio *Ministeria quaedam* vom 15. August 1972: AAS 64 (1972) 529–534, hier 531, sowie ders., Enzyklika *Evangelii nuntiandi* vom 8. Dezember 1975, Nr. 73: AAS 68 (1976) 5–76, hier 61–63. Allerdings hat Paul VI. dabei die Trennung zwischen Laiendiensten und jenen von Klerikern strikt beibehalten. Siehe dazu unten Abschnitt 2.4.

[27] Diese Impulse sind informativ dargestellt bei P. Neuner, Das kirchliche Amt – Identität im Wandel: Amt und Dienst (Anm. 20) 9–33, hier 27–33. Zur Sache siehe P. Hünermann, Ordo in neuer Ordnung: Der Priestermangel und seine Konsequenzen. Hrsg. v. F. Klostermann, Düsseldorf 1977, 58–94, hier 71–85; E. Schillebeeckx, Christliche Identität und kirchliches Amt, Düsseldorf 1985, 318–320; L. Karrer, Wir sind wirklich das Volk Gottes, Fribourg 1994, 128–145; D. Wiederkehr, Wer A sagt, sollte auch B sagen! Mangelnde Handlungslogik in der kirchlichen Ämterfrage: Diakonia 28 (1997) 174–179, hier 177–178. In diese Richtung geht auch M. Theobald, Die Zukunft des kirchlichen Amtes: StdZ 216 (1998) 195–208, hier 200.

[28] Für die auf der Grundlage von *Ministeria quaedam* (siehe oben Anm. 26) erfolgte Eingabe der Schweizer Bischofskonferenz (SBK) lässt sich folgender Verlauf rekonstruieren:
28. Juli 1977: Eingabe an die Kongregation für den Gottesdienst und die Sakramentenordnung mit Bezug auf Pastoralassistentinnen bzw. -assistenten und Katechetinnen bzw. Katecheten.
12. Oktober 1977: Antwort der Kongregation an die SBK mit Erlaubnis »ad experimentum« mit verschiedenen Auflagen hinsichtlich zu erlassender Reglements.
4. Juli 1978: Entwurf der entsprechenden Rahmenordnungen seitens der SBK an die Kongregation.
16. Oktober 1978: Wahl Johannes Paul II. zum Bischof von Rom.
17. Juli 1979: Antwort der Kongregation an die SBK: Hinweis auf einen neuen Überlegungsprozess hinsichtlich neuer Dienste und auf entsprechende Beschlüsse seitens der Kongregation, die vom Bischof von Rom genehmigt worden seien; demnach keine Übertragung entsprechender Dienste auf Dauer.

[29] Vgl. Enzyklika *Ut unum sint* vom 25. Mai 1995, Nr. 95–96: AAS 87 (1995) 922–982, hier 977–978. Die darin ausgesprochene Einladung, über den Petrusdienst nachzudenken, wurde in der Zwischenzeit auch theologisch aufgegriffen. Vgl. vor allem H.J. Pottmeyer, Die Rolle des Papsttums im Dritten Jahrtausend, Freiburg 1999; J.R. Quinn, The Reform of the Papacy, New York City 1999.

[30] Dazu D. Wiederkehr, Wer A sagt (Anm. 27) 174–179.
[31] Hier gehe ich über die Position von O. Fuchs (siehe den Beitrag in diesem Band, Abschnitt 3) hinaus. Zwar teile ich die Auffassung, dass Gemeindeleitung einen sakramentalen Dienst bedingt. M.E. wird sich dies in Zukunft aber nicht einheitlich und im Rahmen der bisherigen dreistufigen Struktur des Amtes verwirklichen lassen.
[32] Die aktualisierende Auslegung von Apg 6, 1–7 durch R. Stecher kann für die konkrete Vorgangsweise bei der Auswahl ein Modell sein: Die Wahl der Sieben (Apg 6, 1–7): Miteinander 69 (1997) Heft 10 , 4–5. Vgl. dazu auch den Entwurf eines konziliaren Kirchenmodells von P. Weß, Einmütig gemeinsam entscheiden in Gemeinde und Kirche, Thaur 1998.
[33] W. Kirchschläger, »Bei euch ist es nicht so« (Mk 10, 43 par). Zu einem vergessenen Charakteristikum von Kirche. Rektoratsrede 1992: Jahresbericht der TFL, Luzern 1993, 53–57; ders., Leiten in der Kirche. Biblische Bilder aus dem Neuen Testament: LS 49 (1998) 176–180, hier 176.
[34] *iereus* kommt im NT 34mal vor. Der Begriff bezieht sich 6mal auf Jesus Christus: Hebr 5,6; 7,17.20.21; 8,4; 10,21; sodann 25mal auf jüdische Priester: Mk 1,44 par Mt 8,4 Lk 5,14; Mk 2,26 par Mt 12,4 Lk 6,4; Mt 12,5 Lk 1,5; 10,31; 17,14; 20,1; Joh 1,19; Apg 4,1; 5,24; 6,7; Hebr 7,1.3 (Melchisedek); 7,11.14.15.23; 8,4; 9,6; 10,11; einmal auf heidnische Priester (Apg 14,13). In Offb 1,6; 5,10; 20,6 ist der Begriff kollektiv auf die christliche Gemeinde bezogen. Dics verweist nicht auf einen besonderen Dienst, sondern kennzeichnet in einer jüdisch geprägten Sprache die Würde der Glaubenden. In diesem Sinn schon H. Ritt, Offenbarung des Johannes (NEB 21), Würzburg 1980, 19.42.102. Für Offb 1,6 schlägt U.B. Müller, Die Offenbarung des Johannes (ÖTK 19), Gütersloh 1984, 75-76, ein differenzierteres Verständnis vor.
[35] Der Befund ist übersichtlich dargestellt bei P. Hoffmann, Priestertum und Amt im Neuen Testament: Priesterkirche. Hrsg. v. P. Hoffmann, Düsseldorf 1987, 12–61, hier 16–18. 23–24.
[36] Der Begriff stammt aus der jüdischen Synagogalverfassung: Vgl. Gnilka, Christen (Anm. 3) 280; J. Ysebaert, Die Amtsterminologie im Neuen Testament und in der alten Kirche, Breda 1994, hier 60–123, bes. 113–115.
[37] Vgl. die Darstellung bei P.F. Bradshaw, Art. Priester/Priestertum III.1. Christliches Priesteramt/Geschichtlich: TRE 27, Berlin 1997, 414–421; vor allem bei G. Greshake, Art. Priester/Priestertum III.2. Christliches Priesteramt/Systematisch: ebenda 422–431; ders. Art. Priester III. Historisch-theologisch. IV. Systematisch-theologisch: LThK³ Bd. 8, Freiburg 1999, 564–566. 566–567, hier bes. 564.
[38] Zumindest in dieser Grundaussage ist H. Haag zuzustimmen: Worauf es ankommt. Wollte Jesus eine Zwei-Stände-Kirche?, Freiburg 1997. Eine gänzlich ungegliederte Kirchenstruktur lässt sich aber ebensowenig aus der jesuanischen und frühchristlichen Zeit belegen. Vgl. dazu H.J. Venetz, So fing es mit der Kirche an, Zürich 1992, 146–149; Scholl, Frohbotschaft (Anm. 4) 157–159. G. Greshake, Priester/Priestertum (Anm. 37) 425, bezeichnet die Zwei-Stände-Auffassung als »nicht unproblematisch«.

³⁹ Vgl. 1 Klem 40,5 (geschrieben um 96 n. Ch.): »Dem Hohenpriester nämlich sind eigene dienstliche Handlungen übertragen, und den Priestern ist ein eigener Platz zugewiesen, und Leviten obliegen eigenen Dienstleistungen. Der Mensch aus dem Volk (*o laikos anthropos*) ist an die für das Volk geltenden Vorschriften gebunden.« Des weiteren vgl. Traditio apostolica (Wende 2./3. Jh.): »Gib ihm [dem Episkopaten] die Vollmacht durch den hohenpriesterlichen Geist, gemäß deiner Weisung Sünden nachzulassen, gemäß deiner Anordnung Ämter zu vergeben (*secundum mandatum tuum dare sortes/kata ten entolen sou didonai <u>klerous</u>*)...«

⁴⁰ Mit Bezug auf befreiungstheologische Ansätze ist dies dargestellt bei U. Kuhnke, Koinonia. Zur theologischen Rekonstruktion der Identität christlicher Gemeinde, Düsseldorf 1992, hier 245-248. Zu den dafür noch notwendigen Freiräumen siehe D. Wiederkehr, »Volk Gottes« erster und zweiter Klasse?: »Wir sind Kirche«: Das Kirchenvolks-Begehren in der Diskussion, Freiburg 1995, 111-124.

⁴¹ Vgl. dazu die prägnante Darstellung bei J.A. Estrada, Volk Gottes: Mysterium libertionis, Bd II (Anm. 22) 809-822, hier v.a. 817-820.

⁴² Nur so kann Kirche auch immer neu Geschichte machen. Vgl. dazu F. Weber, Wenn das Kirchenvolk Geschichte(n) macht: Frischer Wind (Anm. 7) 15-31, bes. 18-20. 27-31.

⁴³ So W. Kirchschläger, Pluralität (Anm. 6) 15 bzw. 785; Die Notwendigkeit grundlegender Neuorientierung zeigt der Beitrag von E. Garhammer, »Nicht den Untergang verwalten, sondern den Übergang gestalten«. Kirche und Pastoral im nächsten Jahrhundert: Kirche der Zukunft (Anm. 17) 53-76, bes. 54-55 mit den Folgerungen 75-76.

⁴⁴ In der ersten Generalkongregation des letzten Konzils (13. Oktober 1962) stellten die Kardinäle Liénart (Lille) und Frings (Köln), auch im Namen der Kardinäle Döpfner (München) und König (Wien), den Antrag, die Abstimmung über die von der Kurie vorbereiteten Kommissionslisten zu vertagen. Dies gab den Bischofskonferenzen die Gelegenheit, neue Listen mit anderer Zusammensetzung vorzubereiten. Für die zweite Generalkongregation (16. Oktober 1962) lagen 34 verschiedene Listen für die insgesamt 160 Mitglieder der Kommissionen vor. Die auf dieser Grundlage durchgeführte Wahl der Kommissionen hat dem Konzil eine grundlegend andere Weichenstellung gegeben und damit einen anderen Verlauf der Kirchenversammlung ausgelöst. Das vielfach kommentierte Ereignis ist dokumentiert bei G. Caprile, Die Chronik des Konzils: LThK Ergbd III, Freiburg 1968, 624-644, hier jetzt ausführlich dargestellt und eingeordnet von A. Riccardi in: Geschichte des Zweiten Vatikanischen Konzils. Hrsg. von G. Alberigo, Bd. II, Mainz 2000, hier 31-38.

⁴⁵ Bemerkenswert dazu der Beitrag von W. Bühlmann, Darf man/soll man römische Normen unterwandern?: Schweizerische Kirchenzeitung 165 (1997) 656-657 – vor allem, weil der Verfasser auf sich abzeichnende Handlungsrichtlinien hinweist.

⁴⁶ Vgl. W. Kirchschläger, Bleibendes und Veränderbares (Anm. 6) 129-131; ders. Kirche ist Freiheit!: ThPQ 144 (1996) 52-66, hier bes. 60-55.

[47] Ausführlicher dazu W. Kirchschläger, Dynamisches Leben aus der Kraft des Geistes. Fragmente einer biblischen Ekklesiologie für morgen: Mitarbeiter Eurer Freude. FS J. Garcia-Cascales. Hrsg. v. E. Seidl/W. Rechberger, Klagenfurt 1998, 120–135; eine andere Form von Ausblick im Sinne von Optionen entwickeln Th. Söding: Blick zurück (Anm. 3) 174–211, sowie W. Bühlmann, Visionen für die Kirche im pluralistischen Jahrtausend (Luzerner Hochschulreden 5), Luzern 1999. Einen beeindruckenden Versuch, mit Kirche auf diesem Weg zu bleiben und weiter zu gehen, stellt die 3. Versammlung des Volkes Gottes am Xingu, Altamira/Brasilien, dar. Die Dokumente sind zugänglich in einem von E. Kräutler herausgegebenen Privatdruck.

Theologische Bruchstücke

In zwei Plenumsphasen wurde der Tagungsprozess während der Österreichischen Pastoraltagung (13.–15. 1. 2000) von Angelika Pressler und Franz Weber (in der zweiten Phase auch von Ottmar Fuchs) wahrgenommen und theologisch reflektiert sowie unter Einbezug der Tagungsteilnehmer/innen ergänzt. Diese Gesprächsphasen können in ihrer Dynamik und bildreichen Sprache nicht adäquat wiedergegeben werden. Einige zentrale »Bruchstücke« sollen jedoch hier festgehalten sein.

In der Gegenwart unserer Gemeinden offenbart sich die Gegenwart Gottes in seiner Kirche. Die Gemeinde bleibt in allem Auf und Ab Haus Gottes. Der von Jesus verheißene Geist hält der Kirche die Treue, er lebt in ihr und steht ihr auf ihrem Weg durch die Zeit als Beistand zur Seite.
Deshalb gibt es von Gott her letztlich keine geistlose Kirchensituation und jedes Krankjammern der Kirche ist zu hinterfragen.

In der Kirche Österreichs sind wir immer noch auf dem Weg vom »Untertan zum Freiheitskünstler« (P. M. Zulehner). Die größte Gefahr, hier stehenzubleiben und die notwendigen Schritte nicht zu gehen, besteht in einem »bequemen Konservativismus«. Weder im praktischen noch im theologischen Sinn ist es angebracht, ständig »nach oben« zu schauen und alles (Weisung, Bestätigung usw.) von dort zu erwarten. Gemeinden sind dort zu gestalten, wo sie sind. Was ihnen die Zukunft bringt, hängt in höchstem Maß von den Menschen ab, die sich in ihnen engagieren.

Den Mitarbeiter/innen in der Gemeinde »hängt oft die Zunge heraus«. Wenn sie einmal Zeit haben, zeigen sie ein ungeheures Erzählbedürfnis.
In ähnlicher Weise wird dies für viele Gemeindemitglieder gelten: Wovon möchten sie erzählen? Haben sie Zeit dazu? Finden sie Gesprächspartner/innen, die ihnen zuhören?
Und: Wo finden die Gottsucher und Gottsucherinnen, was sie suchen?

Wo ist Gelassenheit zu finden angesichts des alltäglichen Wirrwarrs von vormodernen, modernen, postmodernen und anderen Einstellungen?

Vielfältige Entwicklungsprozesse sind im Gang. Es gibt sie trotz mancher Blockaden, Müdigkeiten oder Unsicherheiten.
Entwicklungsprozesse bedeuten auch, dass manches stirbt. Es ist nötig, Dinge aufgeben und lassen zu können und dabei Gelassenheit zu bewahren.
Allerdings sind solche Sterbeprozesse schmerzhaft – und bevor neues Leben wächst, kann es lange dunkel sein.

Ganz normale Pfarren sind manchmal großartig. Viele haben während des Krieges auf dem Balkan Wohnungen für Asylanten zur Verfügung gestellt! Ohne Engagement der Pfarrgemeinden hätte das Flüchtlingsproblem der jüngsten Vergangenheit in Österreich wohl gar nicht gelöst werden können, zumindest nicht auf diese menschliche Weise. Das ist ein Grund, sich über die Pfarrgemeinden zu freuen und auf sie stolz zu sein.

Eine Gemeinde ist nicht dazu da, das Harmoniebedürfnis von Menschen zu befriedigen. Geschwisterlichkeit schließt Spaltungen, Spannungen, Rivalität, Konkurrenzdenken nicht aus. Die Frage ist, mit welcher Konfliktkultur tragen wir diese Probleme miteinander aus. Wie gehen wir angesichts von Problemen und Meinungsverschiedenheiten miteinander um?
Grundsätzlich geht es darum, die Andersartigkeit des anderen wertzuschätzen. Es geht darum, in und außerhalb der Gemeinde verwirklichte Teile des gelebten Evangeliums zu entdecken und zu achten.

Das Leben in den Gemeinden wird nicht nur von Amtsträgern getragen, sondern vom Glaubenssinn und der Glaubenstat des ganzen Gottesvolkes (vgl. Lumen Gentium 12); d.h. die Christen haben ein – theologisches (!) – Gespür für das, was Gemeinde ist. Sie können dies oft nicht ausdrücken, aber sie zeigen es in ihrer Gemeindesehnsucht und in ihrem Engagement.

Wer gehört zur Gemeinde?
Auch jene Menschen, die nur selten kommen, sind Teil der Gemeinde. Eine Unterscheidung von Kerngemeinde, Konsumentengemeinde, Randgemeinde ist theologisch irreführend.

Gemeinde baut auf der Vielfalt der Charismen auf, nicht auf der Lösung der Amtsfrage. Die Suche nach der Identität einer Gemeinde hängt mit der Suche nach der Identität der einzelnen Gemeindemitglieder in und mit der Gemeinde zusammen. Es geht für die einzelnen darum, ihren Platz zu finden entsprechend den vorhandenen Möglichkeiten und den geschenkten Charismen.

Gemeindeleitung und Eucharistievorsitz gehören zusammen.

Einheit können wir nicht produzieren. Die Aussage »ihr seid der Leib Christi« (1Kor) ist eine Zusage, eine Seins-Aussage. Die Einheit dieses Leibes ist ein Geschenk der Gnade noch vor jeder Erfahrbarkeit von Einheit. Gott eint uns, wir sind eins in all unseren unterschiedlichen Berufungen.

In der Eucharistie feiern wir Einheit, lassen sie uns von Gott schenken, produzieren wir sie nicht. Aus ihr heraus ist uns Vielfalt zugestanden und aufgegeben. (Geistliche) Gemeindeleitung und Eucharistievorsitz gehören zusammen, weil Gnade in der katholischen Kirche in einer Unbedingtheit in den Sakramenten vermittelt wird. Gemeindeleitung ist eine geistliche Wirklichkeit. Sie ist nicht nur Management. Die kirchliche Einheit, der diese Leitung dient, besteht jedoch nicht in Meinungseinheit und nicht im Konsens in einer bestimmten Theologie.

In der benediktinischen Tradition ist der Abt eines Klosters dessen geistlicher Leiter. Er ist jedoch nicht unbedingt ein Priester. D.h. Gemeindeleitung in einer kleinen Gemeinschaft und der Eucharistievorsitz sind in dieser benediktinischen Tradition »trennbar«.

Heute fehlt eine differenzierte Betrachtung, was im Weiheamt eigentlich grundgelegt ist. Die geschichtlichen

Veränderungen und die heutige Verdichtung werden in der gegenwärtigen Diskussion kaum bedacht.

In der momentanen Situation droht eine doppelte Trennung, in der die sakramentale Grundkonstitution der Kirche zerreißen könnte: die Trennung von Lebenszusammenhang und Gemeindeleitung, wenn der Gemeindeleiter nicht am Ort ist, und die Tatsache der faktischen Leitung durch Laien, die aber nicht den Ordo haben.

Diese »defizitären« (denn hier steht etwas von kirchlicher Identität auf dem Spiel) Modelle der Gemeindeleitung retten heute die kleinen Einheiten. Sie wahren den Zusammenhang zwischen Gemeindeleitung, Überschaubarkeit und Lebenszusammenhang. In diesem Sinn bedeuten Laien in der Gemeindeleitung keinen Angriff auf die Ämtertheologie, sondern verstehen sich als Dienst an der Gemeinde, der in dieser Form heute und in Zukunft wohl noch mehr notwendig ist.

Deshalb sollten die Möglichkeiten von Gemeindeleitung erweitert werden. Leitung muss wahrgenommen, aber auch abgegeben werden. Konkret sollte sich dies daran orientieren, welche Ämter eine konkrete Gemeinde braucht, damit Vielfalt möglich bleibt. – Aber eine Aporie wird offen gehalten.

In all diesen Fragen geht es nicht um die Normativität des Faktischen. Die Memoria passionis und resurectionis sind unverfügbar vorgegeben. Die Eucharistiefeier ist der zentrale Punkt der Kommunikation zwischen Vergangenheit und Gegenwart in Erinnerung und Vergegenwärtigung des unverrückbar vorgegebenen Christus-Ereignisses. Das kirchliche Amt ist dessen soziologische Strukturierung.

Es wäre auch ein diakonales (und kerygmatisches) Weiheamt sinnvoll und spirituell notwendig, das aus der Diakonie (und aus der Verkündigung) hervorgeht. Das würde bedeuten, dass es einen ordinierten diakonalen Leitungsdienst für einschlägige kirchliche Bereiche gibt.

Herausgeber und Autoren

Ottmar Fuchs, Dr. theol., ist Professor für Praktische Theologie an der Universität Tübingen.

Walter Kirchschläger, Dr. theol, ist Professor für Exegese des Neuen Testaments und Rektor an der Universität Luzern.

Walter Krieger, Dr. theol., ist Generalsekretär des Österreichischen Pastoralinstituts.

Wolfgang Schwens, Mag. theol., ist Geschäftsführer der Arbeitsstelle für kirchliche Sozialforschung und Chefredakteur der Pastoraltheologischen Informationen.

Balthasar Sieberer ist Vorsitzender des Österreichischen Pastoralinstituts und der Pastoralkommission Österreichs sowie Seelsorgeamtsleiter der Erzdiözese Salzburg.

Franz Weber MCCJ, Dr. theol., ist Professor für Pastoraltheologie und Missionswissenschaft an der Theologischen Fakultät der Universität Innsbruck.

Jürgen Werbick, Dr. theol., ist Professor für Fundamentaltheologie an der Katholisch-theologischen Fakultät der Universität Münster.